|经典分层阅读|

江上歌声

本书编写组 —— 编

初一

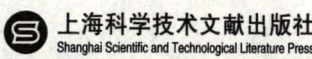
上海科学技术文献出版社
Shanghai Scientific and Technological Literature Press

图书在版编目（CIP）数据

江上歌声 / 本书编写组编. — 上海：上海科学技术文献出版社，2022

ISBN 978-7-5439-8558-2

Ⅰ.①江… Ⅱ.①本… Ⅲ.①阅读课—初中—教学参考资料 Ⅳ.① G634.333

中国版本图书馆 CIP 数据核字 (2022) 第 041811 号

选题策划：张　树
责任编辑：苏密娅
封面设计：合育文化

江上歌声
JIANGSHANG GESHENG
本书编写组　编
出版发行：上海科学技术文献出版社
地　　址：上海市长乐路 746 号
邮政编码：200040
经　　销：全国新华书店
印　　刷：商务印书馆上海印刷有限公司
开　　本：650mm×900mm　1/16
印　　张：16.5
字　　数：184 000
版　　次：2022 年 7 月第 1 版　2022 年 7 月第 1 次印刷
书　　号：ISBN 978-7-5439-8558-2
定　　价：58.00 元
http://www.sstlp.com

总序

真正的阅读，快乐的阅读

在基础教育阶段，即中小学教育阶段，语文学科不同于其他学科，有着特别重要的意义。

人类文明的积累和发展，建立在文字的基础之上。离开了文字，文化就无法积累，无法传承，一切现代文明都将不复存在。承担母语教育任务的语文教育，自然是一切教育的基础。

中小学语文，应该包括两项基本内容。一是掌握语言文字的表达能力，能熟练运用文字这个最重要的工具；二是培养对文学的喜爱，提高文学的鉴赏能力。这两项内容又是互相交叉、互相渗透的。因为最生动的语言一般都在经典的文学作品中，这也是语文课本大量选择文学作品的理由。

要学好语文，最要紧的，是要喜欢语文。只有喜欢语文，喜欢美文，喜欢文学，才能领略到文字的魅力，也才有可能自己写出准确生动的文字来。

遗憾的是，由于语文考试命题的日益"科学化"和"精细化"，以考试为指挥棒的语文教育，已经异化为对文章进行肢解式的分析，对所谓"考点"的猜测分析和应对（做大量的模拟考试题）。这样的阅读，离开了文章的内在逻辑，离开了文学阅读的本原含义，完全谈不上欣赏、体验文章的美感，而是从根本上摧毁了学生对文学的兴趣,对语文学习的兴趣。许多学生厌恶语文,讨厌阅读,这是语文教育异化的必然结果;也是语文教育可悲的失败。

任何学习,都必须建立在兴趣的基础之上。没有兴趣,是绝对不会有好的学习效果的。编辑这套书,最重要的目的,就是想在现有的语文教材之外,编选一些好文章,让学生在离开考试桎梏的心情下读一读,来领略文字的神奇魅力,来恢复对语文的兴趣。

读这些文章不需要做什么分析,不用去考虑什么主题、结构,你只要去欣赏,只要去感受语言的美、意境的美、情感的美、细节的美、思想的美、逻辑的美……如果你能够从内心深处感悟到,文章居然可以写得这么好啊,写文章是这么有意思啊!那么,我们的目的就达到了。

但是,世界上的好文章实在太多了;对好文章的理解也是见仁见智,没有完全一致的标准。由于编选者阅读范围以及鉴赏水平的限制,尽管在这套读本的编选过程中征求了不少作家和教育专家的意见,一定还是难免有很多遗珠之憾;也可能有些文章选得不很得当。我想,如果能让学生提高了阅读的兴趣,那么,更多的好文章,以及无法选入这个读本的长篇作品,学生们自己会去寻找,会去发现。阅读是一辈子的事情,重要的是要有真正的阅读,离开了考试阴影的快乐的阅读。让我们从这套书开始吧!

本书编写组

2022 年 4 月

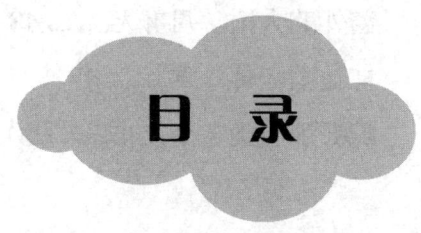

目 录

月下欢歌 / 冯　至………1
回答 / 北　岛………4

晨风短歌 / [新加坡] 梅　筠………6

蜡烛 / [新加坡] 尤　今………9
灯花 / 凤　子………11

蚕儿 / 陈忠实………15
蝉与纺织娘 / 郑振铎………25
夜莺之歌 / [意] 加百利·邓南遮………30

草莓 / [波兰] 雅·伊瓦什凯维奇………32

山是青的云是白的 / 陈学昭 ………… 35

雅舍 / 梁实秋 ………… 39

窗外的大树 / 周有光 ………… 43

桂花雨 / 琦　君 ………… 47

听听那冷雨 / 余光中 ………… 50

脚印 / 王鼎钧 ………… 57

昨天的足迹 / 唐德刚 ………… 61

江上歌声 / ［英］毛　姆 ………… 66

湖光水色 / ［美］梭　罗 ………… 68

美景，总在半梦半醒之间 / 迟子建 ………… 71

海上的月亮 / 苏　青 ………… 74

苏州漫步 / 陆文夫 ………… 79

葡萄美酒夜光杯 / 冯骥才 ………… 83

曲阜孔庙 / 梁思成 ………… 87

秋天我在泸沽湖 / 于　坚 ………… 93

雅典 / ［日］三岛由纪夫 ………… 98

子虚威尼斯 / 卢　岚 ………… 105

翡翠色的梦 / ［瑞士］赵淑侠 ………… 109

意大利的日子 / 黄永玉 ………… 114

论创造 / [法]罗曼·罗兰……… 117
论读书 / [英]培　根……… 120
人生的乐趣 / 林语堂……… 123

致父母 / 徐志摩……… 130
我是主人 / 陈　染……… 132
多年父子成兄弟 / 汪曾祺……… 138

少年初识悔滋味 / 梁晓声……… 142
回忆饥饿 / 林　白……… 147

我父亲的老师 / [意]德·亚米契斯……… 151
与陌生人交流 / 铁　凝……… 161
亲情·旧情·友情（节选）/ [美]於梨华……… 167
人们是彼此为了对方而存在的 / [古罗马]马可·奥勒留……… 172
我的世界观 / [美]爱因斯坦……… 177

怪物老爷 / 张中行……… 182
想你，阿胡子！/ 黄宗英……… 188

因小失大 / [美]富兰克林……… 195
尽善尽美 / [法]奥里森·马尔腾……… 197

永不道别 / [美] 威廉·C.博伊尔斯.......... 201

铁匠 / [法] 左　拉.......... 204
贩夫风景 / 钟晓阳.......... 209

诸葛亮与明耻教战 / 曾敏之.......... 212
史前人类 / [美] 亨德里德·房龙.......... 218
一吊钱价值多少 / 李国文.......... 221

不自由毋宁死——在弗吉尼亚议会上的讲演 / [美] 佩
　　特瑞克·亨利.......... 231
接受诺贝尔文学奖时的演说词 / [美] 威廉·福克
　　纳.......... 235

鲁滨孙漂流记（节选）/ [美] 丹尼尔·笛福.......... 238
静静的顿河（节选）/ [苏联] 肖洛霍夫.......... 245

烟艇记 / 宋·陆　游.......... 251
书作论法后 / 宋·陈　亮.......... 253
精骑集序 / 宋·秦　观.......... 254
与侄书 / 宋·苏　轼.......... 256

月下·欢歌

冯 至

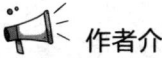**作者介绍**

冯至,现代诗人、翻译家。
著有《蝉与晚秋》《仲尼之将丧》《山水集》《十四行集》等。

不要诉苦了,欢乐吧,
圆月高高地悬在天空。
充满了无边的希望
在这无边的月色当中。
"无边的月色,
请你接受吧,
我的感谢!"

我显示在她的面前的,
既不是白发老人,也不是婴孩,

是和她同时代的青年,
担负着同时代的欢乐和悲哀。
"我们的时代,
请你接受吧,
我的感谢!"

她不是热带的棕色的少女,
也不是西方的金发的姑娘:
黄色的肌肤,黑色的眼珠,
我们在同一的民族里生长。
"我们的民族,
请你接受吧,
我的感谢!"

我从母亲的口里学会了朴素的语言,
又从许多人的口里学会了怎样谈话,
我大声唱出我的诗歌,
把美好的声音在一块儿溶化。
"祖国的语言,
请你接受吧,
我的感谢!"

温暖的阳光把我培养,
我的枝叶向着天空伸长,
我愿在风雨里开放花朵,

在冰雪中忍受苦创。
"温带的气候,
请你接受吧,
我的感谢!"

我的灵魂是琴弦似地跳动,
我的脚步是江水般地奔跑,
我向着一切招手,
我向着一切呼叫:
"宇宙的一切,
请你们接受吧,
我的感谢!"

——1929
(选自《冯至诗选》)

回 答

北 岛

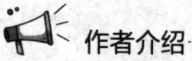 **作者介绍**

北岛,当代诗人、朦胧诗代表人物之一。

代表作有《回答》《结局或开始》《一切》等。

卑鄙是卑鄙者的通行证,
高尚是高尚者的墓志铭。
看吧,在那镀金的天空中,
飘满了死者弯曲的倒影。

冰川纪过去了,
为什么到处都是冰凌?
好望角发现了,
为什么死海里千帆相竞?

我来到这个世界上，
只带着纸、绳索和身影，
为了在审判之前，
宣读那被判决了的声音：

告诉你吧，世界，
我——不——相——信！
纵使你脚下有一千名挑战者，
那就把我算作第一千零一名。

我不相信天是蓝的；
我不相信雷的回声；
我不相信梦是假的；
我不相信死无报应。

如果海洋注定要决堤，
就让所有的苦水都注入我心中；
如果陆地注定要上升，
就让人类重新选择生存的峰顶。

新的转机和闪闪的星斗，
正在缀满没有遮拦的天空，
那是五千年的象形文字，
那是未来人们凝视的眼睛。

（选自《北岛诗选》）

晨风短歌

[新加坡] 梅 筠

作者介绍

梅筠,新加坡女作家。

著有《樱桃枝之梦》《墙》等。

美

生命的赐予就是美,人生,就是在追求着无穷无尽、无法细数的美而活着。

大自然就是一首美丽的歌,一支动人的欢曲。

听松涛、看红霞、观日落,而后再见旭日东升,金光灿烂。这就是美,是包涵着无数个希望之美。

饮月华,喝醺风,步履飘摇,而后醉倒于石阶下。这是美,是含孕着朦胧之美。

孤独踽踽独行于雾里,从雾的绣帷里看花看柳,花儿娇艳,似远似近；柳丝依依，柔软轻盈，却远不可及。这是美，是吞咽着沧沧之美。

于山谷之中，于群峰之巅，引吭高歌，群谷回响，众山摇撼。这是美，是饱含着雄壮、豪情之美。

临海边，看海景，与大海同呼吸，和大海共怒号。这是美，是埋藏着伟大之美。

仰视广漠的天际，赏浮云，观浮云的多变多姿，遂彻悟世道的多幻，世情淡薄。这是美，是闪耀着飘逸、自在、大彻大悟、洒脱之美。

倚竹杖，伫立江边，江水浩浩，细听江声，如泣如诉，如歌如泣。这是美，是回荡着一份孤寂之美。

人生的舞台由明而倏暗，黑幕徐徐垂下，一张责任已卸、平静的脸庞，双眼皮缓缓合上。这是美，是死得无牵无挂之美。

人生不就是由一个个的美而串缀成的吗？

书

爱书虽不致成狂，嗜书却已如命。近一两个月来，把自己囚于斗室中，让思维似一匹脱缰的野马，一条入水的游鱼，又若一只展翅的小鸟，自由自在，无拘无束，于知识的草原驰骋，于广漠的学海里泅游，于无涯无尽的蓝空翱飞；而后，冥想，冥想着一个个的人生道理，再把罗素、叔本华、尼采的人生哲理，串成了一首长长的歌。

听说玩物会丧志，而浸淫于书中不知是否会走入魔道？若果会，那么，就让我入了魔道吧！然后断我筋脉，废我武功；而后我将背负书本，纵身跃进书海里。

灯晕覆盖，黄圈圈，于低矮的案旁，我一卷在握，忘了今夕何夕？世俗的烦琐，尘寰中的纷争，人群中龇牙恶笑的虚伪，阿谀奉承的媚眼，我何必匿藏于心中，磨灭心志？

窗外，清风掀帘，好风如水，好月如流，莹莹月色中，一个孤寂的声音，由远而近，由近而远，那是谁？是一个孤独的夜归人？一个被遗弃者？是一个无家可归的醉汉？

翻开书，窗外月华泻进来，一页页温馨的书页传来了一股醉人心脾的清凉意；我漫步于静寂的秋月下，听到琴声缓起，轻轻的滑落银盘，锵锵有声；我又似驾着一叶小舟，航行于汹涌澎湃的茫茫大海中，于狂风暴雨的吹打下，无法力挽狂涛，就在这千钧一发当儿，远处，射来了一道光线，原来却是灯塔，希望、光明就在前方。

世态本就炎凉，人情薄若脆纸，一戳即破。世情冷暖，像乍起的冬风，又似闷热的长夏，乍冷乍热。唯独书，才是可爱的良伴，不必惧怕她的善变，不必惧怕她的言而无信。书，她总是默默地、忠心耿耿地，像一位良师，像一位益友，随时伴在左右，擎着一盏引路的明灯。

曾把书比喻为自己的第二生命，在我饱尝无情冷眼时，唯有向书中觅知己。

（选自《新加坡当代华文文学大系·散文集》）

蜡 烛

[新加坡]尤 今

作者介绍

尤今,新加坡女作家。

著有《沙漠中的小白屋》《迷失的雨季》《那一份遥远的情》《浪漫之旅》《太阳不肯回去》《尤今小说精编》等。

蜡烛之美,销魂蚀骨。

火一点上,蜡烛便以它自焚的痛苦来奉献它绝命的美,火光幽幽忽忽地闪,烛泪无声无息地淌。噢,倘若不是悲恸摧心,泪怎无声?

蜡烛好像魔术棒,它能制造各种各样的气氛。

在教堂的圣坛上,它凛然不可侵犯;在死者的祭坛里,它凄然不可名状;在餐桌上,它浪漫似情人;在灯笼里,它美丽如夕阳;在停电的夜里点上它,它显得诡谲;然而,圣诞夜有了它,却是一片祥和恬然。

蜡烛之美，全在于它跃动的生命力。

它把灵与肉献给了火，让火把它的光辉带出，散尽。

有时，静观蜡烛，仿佛可以看到它灵魂的颤动，颇有勇士从容就义的壮烈感。

蜡烛，是独一无二的，不能取代的。所以，每每看到毫无生气的电池蜡烛，便要生气，因为我觉得它像个矫揉造作的姨太太，不可原谅地亵渎了原配夫人的美！

也正因为这样，我拒绝在中秋节时购买电池灯笼给孩子，更不上那些以电池蜡烛来营造气氛的餐馆去用膳。

（选自《玲珑人生》）

灯 花

凤 子

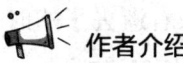作者介绍

凤子,作家。

著有《无声的歌女》《废墟上的花朵》《八年》《舞台漫步》《沉渣》《画像》《台上台下》等。

当黄昏的余晖从檐边隐去之后,这屋子仿佛就陷入无比的空漠,夜静静地,像一个脉脉含情的女子,临近到你的身旁。你可以偷偷地听见她的呼吸,她的无言的心声。她无怨地伴着你,消磨这没有光亮,也没有温暖的一瞬。

天上的霞光逝去了,星星隐藏在云雾里,凄清的号角声随风送来,鸟群都已归林。院子里已数不见点地的落叶,你徘徊又徘徊,你在想着什么?脑子实际是空茫茫的。走进屋子,关上门,仿佛是回到了家,远行人渴望着家所能给予的喜悦,那么,你会不耐这静寂,你便忍心辜负了这么一个,数不尽年月,永远追随

着你的一颗可爱的心。于是一根土产的蜡烛点亮了这屋子，你得到了你所能真心诚意热爱渴念的光！你笑了，你不再沉默于窃听你的自语，你不再咕噜着两眼搜索最后一瞥的阳光投下来的影子，你不再倾听耗子在那个犄角上啃啮着木头，也不再温习某一段书本上记载的故事。光带来了热力。光引你进入了另外一个境界。

面临着这一点光圈，慢慢的喜悦的心情也逐渐平静下来。光所能及的范围是那么的窄，光的影子不定地摇曳着，像在笑，不过笑里含有讥讽；又像是在舞蹈，光的跳动记录着逝去了的时间，而逝去了的日子，却如同檐前的滴漏，溜走得了无踪迹。

你想辩白吗？你有一张会说话的嘴。你想夸耀你的劳迹吗？你的影子会使你一望就失去了启齿的勇气。

你感到苦恼，你咬着嘴唇。你想着，想的深沉，想从回忆中搜寻你已失去了的；这，何尝不又是沙漠中淘金，淘金的人有一双贪婪而锐敏的眼睛，看得出沙土的品质，成色，甚至分量。多少人世世代代生长在沙土里，活在沙土里，死了也埋在沙土里！沙土中可能有金子，可惜沙土不全是金子。

回忆如果说像梦，这里，我将代你追述一段逝去了的梦境！

那梦里，曾经有过那么一个地方：在一个荒山的幽谷中，没有人烟，也没有野兽，这是自然生长出来的一所田园，有遮天的古树，有倾圮了的房屋，房屋的主人被炮火赶到世界的另一个角落去了。有沙田，田里种着的有白薯根，傍着沙田有一道溪流，溪水清冽见底，山腰间溪流被隔断成一道瀑布，瀑布朝夕奔腾，是这静寂的山谷中唯一有生命力的一个点缀。

就在这天然田园中，偶然一个机缘，幽囚了一群躲避烽火的老少男女，这群人从炮火中逃出来，重拾起了他们的生命。可是敌人的炮火在这个山谷的四周围攻着，他们也没有法子再向前找路。溪水留住了他们，白薯的根是唯一的粮食，他们就这样生活下来了。朝晨听群鸟唱歌，守着溪水数石头，把忧愤写在枯叶上，飘到水里，不尽地流。晚间埋在稻草堆里，一天又给黑夜带走了。

这并不是一个故事，因为梦是残缺不全的。

那山谷还是那么幽静吗？敌人的炮火并没有盖过溪水的呜咽。听说有的人已经走到山谷的另一个目的地，并且擎起了枪还击了敌人；有的人却长眠在溪水的旁边，伴着溪水唤住过路的人；有的人已经离开了山谷，走上更艰难的路。……

你会忘不了的，这一长串逝去了的日子。你不用言语，我了解你的心情。

我爱溪水，我爱瀑布，有一天，我要跑到江河海洋边，如果溪水是不尽的流，那么，江河海洋会引我回到源头，那时候，我要借支笔，记载一两个真正感人的故事。

蜡烛的灯心开了朵花，紫红紫红的，像向日葵。记得小时候妈妈说过灯心开花是喜兆，这是什么兆头呢？愣着，终于用剪刀剪下了灯花，光更亮点。

许多日子来，如同跋山涉水赶长路的人，十分疲倦。对着光冥想，是想休息吗？并不。前面还有路，我还得走。旅途是寂寞的，然而我爱这寂寞。多少个寂寞的日子都打发了。

可是，我有一分不能自已的回念，特别在静寂的时候。回念那一长串逝去的日子，那逝去了的溪流。

溪水会告诉过往的行云，她的感情，不论喜悦与悲哀。行云照映她的心，行云带走了她的申诉。

而我，一个听过了故事便不能叙说的人，我有权利唤住行云，借一阵风，把我所想的，所能知道的呼唤给这世界上，我想告诉他们知道的人们吗？

　　光的影子不定地摇曳着，像在笑。

　　又一朵灯花开了。

1932 年 11 月

（选自《八年》）

蚕 儿

陈忠实

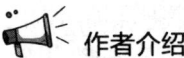作者介绍

陈忠实,作家。

代表作有《乡村》《到老白杨树背后去》《初夏》《四妹子》《陈忠实小说自选集》《告别白鸽》等。

　　从已经开花的粗布棉袄里撕下一疙瘩棉花,小心地撕开,轻轻地扯大,把那已经板结的棉套儿撕扯得松松软软。摊开,再把铜钱大的一块缀满蚕子的黑麻纸铺上,包裹起来,装到贴着胸膛的内衣口袋里,暖着。在老师吹响的哨声里,我慌忙奔进由关帝庙改成的教室,坐在自个儿从家里搬来的大方桌的一侧,把书本打开。

　　老师驼着背,从油漆剥落的庙门口走进来,站住,侧过头把小小的教室扫视一周,然后走上搬掉了关老爷泥像的砖台。教室里顿时鸦雀无声,只有我的邻桌小明儿的风葫芦嗓门里,发出吱

吱吱的出气声。

"一年级写大字,三四年级写小字,二年级上课。"

老师把一张乘法表挂在黑板上,用那根溜光的教鞭指着,领我们读起来:

"六一得六……"

我念着,偷偷摸摸胸口,那软软的棉团儿,已经被身体暖热了。

"六九五十四。"

胸口上似乎有毛毛虫在蠕动,痒痒儿的,我想把那棉团掏出来。瞧瞧老师,那一双眼睛正盯着我,我立即挺直了身子……

难以忍耐的期待中,一节课后,我跑出教室,躲在庙后的房檐下(风葫芦说蚕儿见不得太阳),绽开棉团儿,啊呀!出壳了!在那块黑麻纸上,爬着两条蚂蚁一样的小蚕,一动也不动。两颗原是紫黑的蚕子变成了白色,旁边开着一个小洞。我取出早已备好的小洋铁盒,用一根鸡毛把小蚕儿粘起来,轻轻放到盒子里的蒲公英叶子上。再一细看,有两条蚕儿刚刚咬开外壳,伸出黑黑的头来,那多半截身子还卡在壳儿里,吃力地蠕动着。

"叮……"上课的哨儿响了。

"二年级写大字……"

写大字,真好啊!老师给四年级讲课了。我取出仿纸,铺进影格,揭开墨盒……那两条小蚕儿出壳了吧?出壳了,千万可别压死了。

我终于忍不住,掏出棉团儿来。那两条蚕儿果然出壳了,又有三四条咬透了外壳。我取出鸡毛,揭开小洋铁盒。风葫芦悄悄蹿过来,给我帮忙,拴牛也把头挤过来了……

"哐"的一声,我的头顶挨了重重的一击,眼里直冒金星,几乎从木凳上翻跌下去,教室里立时腾起一片笑声。我看见了老师,背着的双手里握着教鞭,站在我的身后。慌乱中,铁盒和棉团儿都掉在地上了。我忍着头顶上火烧火燎的疼痛,眼睛仍然偷偷瞄着扣在地上的铁盒。

老师的一只大脚伸过来,从我坐的木凳旁边伸到桌子底下去了。一下,踩扁了那只小洋铁盒;又一脚,踩烂了包着蚕子的棉团儿……我立时闭上眼睛,那刚刚出壳的蚕儿啊……

老师又走回四年级那第一排桌子的前头去了。教室里静得像空寂的山谷。

放学了,我回到家里,一进门,妈就喊:"去,给老师送饭去!"

又轮着我们家管饭了。我没动,也没吭声。

"噢!像是受了罚!"妈妈看着我的脸,猜测说,"保险又是贪耍,不好好写字!"

我仍然立在炕边,没有说话。

妈妈顺手摸摸我额头上的"毛盖儿",惊奇地睁大了眼睛:"啊呀!头上这么大的疙瘩?"她拨开头发,看着,叫着,"渗出血了!这先生,打娃打得这样狠!头顶上敢乱打……"

我的眼泪流下来了。

"不打不成材!"父亲在院子里劈柴,高声说,"学生哪有不挨板子的?"

妈妈叹口气:"给老师送饭去。"

"我不去!"

"去!"父亲威严地命令,"老师在学堂,就是父母,打是为你学好！"

我一手提着装满小米稀饭的陶瓷罐，一手提着竹篮，竹篮里装着雪白的蒸馍、菜碟、辣碟，走出了街门。这样白的馍馍，我大概只有在过年过节时才能尝到。

进了老师住的那间小房子，我鞠了躬，把罐和竹篮放到桌子上，就退出门来，站在门外的土场上等，待老师吃完，再去取……

"来！"从小房里发出一声传呼，老师吃完了。

我进了小房，去收拾那罐儿、碟儿。

老师挡住我的手，指着花碟子，说："把这些东西带回去，不准丢掉……"

我一看，那盛过咸菜的花碟里，扔着一块馍，上面夹着没有揉散的碱面团儿；另有稀饭中的一个米团儿，不过指头大，也被老师挑出来。我立时觉得脸上发烧，这是老师对管饭的家长最不光彩的指责……

妈妈看见了，一下子跌落在板凳上，脸色羞愧极了。

父亲瞅着，也气得脸色铁青，一把抓起"展览"着碱团儿和米团儿的花碟子，一扬手，摔到院子里去了。

后晌上学的时候，风葫芦在村口拉住我，慷慨地说："我再给你一块蚕子！"

我心里冷得很："不要咧。"

"咋咧？"

"我不想……养蚕儿咧！"

没过几天，学校里来了一位新老师，分了班，把一、二年级分给新来的老师教了。

他很年轻，穿一身列宁式制服，胸前两排大纽扣，站在讲台上，笑着给我们介绍自己："我姓蒋……"说着，他又转过身，从粉笔盒儿里捏起一截粉笔，在木头黑板上，端端正正写下他的名字，说："我叫蒋玉生。"

多新鲜啊！往常，同学们像忌讳祖先的名字一样，谁敢打问老师的姓名呀！四十来个学生的初级小学，只有一位老师，称呼中是不必挂上姓氏的。新老师一来，自报姓名，这种举动，在我的感觉里，无论如何算是一件新奇事。他一开口，就露出两只小虎牙，眼睛老像是在笑："我们先上一节音乐课。你们都会唱什么歌？"

大家你看看我，我看看你，没有人回答。我们啥歌也不会唱，从来没有人教给我们唱歌。我只会哼母亲教给我的那几句《绣荷包》。

蒋老师把词儿抄在黑板上，就领着唱起来："解放区的天是明朗的天……"

没有丝毫音乐训练的偏僻山村的孩子，就一句歌词儿，却怎么也唱不协调。我急得张不开口，喉咙里像梗着一团什么东西，无端地落下一股泪水。好久，在老师和同学的歌声中，哽在喉咙里的硬团儿，渐渐溶化了，心里清爽了，张着嘴，唱起来：

"解放区的天是明朗的天……"

我爬上村后那棵老桑树，摘了一抱最鲜最嫩的桑叶，扔给凤葫芦，就往下溜，慌忙中，松了手，摔到地上，半天爬不起来，嘴里咸腻腻的，一摸，擦出血了，烧疼烧疼。

"你俩干什么去了？"蒋老师吃惊地说。

我俩站在教室门口，低下头，不敢吭声。

"脸上怎么弄破了?"他走到我跟前。

我把头勾得更低了。

他牵着我的胳膊朝他住的小房子走去。这回该吃一顿教鞭了!我想,他不在教室打,关在小房子打起来,没人看见……

走进小房子,他从桌斗里翻出一团棉花,撕下一块,缠在一根火柴棒上,又在一只小瓶里蘸上红墨水一样的东西,就往我的脸上涂抹。我感到伤口又扎又疼,心里却有一种异样的温暖。他那按着我的头顶的手,使我想到母亲安抚我的头脸的感觉。

"怎么弄破的?"他问。

"上树……摘桑叶。"我怯生生地回答。

"摘桑叶做啥用?"他似乎很感兴趣。

"喂蚕儿。"我也不怕了。

"噢!"他高兴了,"喂蚕儿的同学多吗?"

"小明,拴牛……"我举出几个人来,"多咧!"

"你养了多少?"

"我……"我忽然难受了,"没养。"

"那好。"他不知我的内情,喜眯眯的眼睛里,闪出活泼的好奇的光彩,"你们养蚕干什么?"

"给墨盒儿做垫子。"我说着话又多了,"把蚕儿放在一个空盒里,它就网出一片薄丝来了。"

"多有意思!"他高兴了,拍着手,"把大家的蚕养在一起,搁到我这里,课后咱们去摘桑叶,给同学们每人网一张丝片儿,铺墨盒,你愿意吗?"

"好哇!"我高兴地从椅子上跳下来。

于是,后响,他领着我们满山满沟跑,采摘桑叶。有时候,他从坡上滑倒了，青草的绿色液汁沾到裤子上，也不在乎。他说他家在平原上，没走过坡路。

初夏的傍晚，落日的余晖里，霞光把小河的清水染得一片红。蒋老师领着我们，脱了衣服，跳进水里打泼刺，和我们打水仗。我们联合起来，从他的前后左右朝他泼水。他举起双手，闭着眼睛，脸上流下一股股水来，佯装着求饶的声调，投降了……

这天早晨，我和风葫芦抱着一抱桑叶，刚走进老师的房子，就愣住了。

老师坐在椅子上发呆，一副悔恨莫及的神色，看见我俩，轻声说："我对不起你们！"

我莫名其妙，和风葫芦对看一眼。

"老鼠……昨晚……偷吃了……蚕！"

我和风葫芦奔到竹箩子跟前，蚕少了！一指头长的又肥又胖的蚕儿，再过几天该网茧子了。可憎的老鼠！

风葫芦表现得很慷慨："老师，不要紧！我从家里再拿来……"

老师苦笑一下，摇摇头。

我心里很难受。我不愿意看见那张永是笑呵呵的脸膛变得这样苦楚，就急忙给老师宽解："他们家多着哪！有好几竹箩！"

"不是咱们养的，没意思。"他站起来，摇摇头，惋惜地说。

三天之后，有两三条蚕儿爬到竹箩沿儿上来，浑身金黄透亮，仰着头，摇来摆去，斯斯文文地像吟诗。风葫芦高兴地喊："它要网茧儿咧！"

老师把他装衣服的一个大纸盒拆开；我们帮着剪成小片，又用针线串缀成一个一个小方格，把那已经停食的蚕儿提到方格里。

我们把它吐出的丝儿压平；它再网，我们再压，强迫它在纸格里网出一张薄薄的丝片来……

陆续又有一条一条的蚕儿爬上箩沿儿，被我们提上网架。老师和我们，沉浸在喜悦的期待中。

"我的墨盒里，就要铺一张丝片儿了！"老师高兴得按捺不住，像个小孩，"是我教的头一班学生养蚕网下的丝片儿，多有意义！我日后不管到什么地方，一揭墨盒，就看见你们了……"

第二天，早饭后，上第一节课了。他走进教室，讲义夹上搁着书本，书本上搁着粉笔盒，走上讲台，和往常一模一样。我在班长叫响的"起立"声中站起来，一眼看见，老师那双眼睛里有一缕难言的痛楚。

他站在讲台上，却忘了朝我们点头还礼，一只手把粉笔盒儿也碰翻了，情绪慌乱，说话结结巴巴："同学们，我们上音乐课……"

怎么回事啊？昨天下午刚上过音乐课了，我心里竟然不安起来，似乎有一股毛躁的情绪从心里蹿起。老师心里有事，太明显了！

老师勉强笑着："我教，你们跟着唱：'春风，吹遍了原野……'"

我突然看见，刚唱完一句，他的眼角淌下一股泪水，立即转过身，用手抹掉了。然后再转过身来，颤着声，又唱起来："春风，吹遍了原野……"

我闭了口，唱不出来了。风葫芦竟然"哇"的一声哭了。教室里，没有一个人应着唱。

"我要走了，心想给大家留下一支歌儿……"他说不下去了，眼泪又蹿下来,当着我们的面,用手绢擦着,提高嗓音,"同学们,唱啊!"

他自己也唱不出来了,勉强笑着,突然转过身,走出门去了。

我们一下子拥出教室,挤进老师窄小的房子,全都默默地站着。

他的被卷和书籍,早已捆扎整齐。他站在桌边,强笑着,说:"我等不到丝片儿网成了。你们……把蚕儿……拿回家去吧!"说罢,他提起网兜,背上被卷。

我们从他手中夺过行李,走出小房。对面三、四年级的小窗台上,露出一个一个小脑袋。一声怕人的斥责声响过,全都缩得无影无踪了。

我的心猛一颤,还得回到驼背的那个教室里去吗?

走出庙院了,走过小沟了。眼前展开一片开阔的平地,我终于忍不住,问:"蒋老师,为啥要走呢?"

蒋老师瞧着我,淡淡地说:"上级调动。"

"为啥要调动呢?你刚来!"风葫芦问。

老师走着,紧紧闭着嘴唇,不说话。

我又问:"为啥不调动驼背?"

蒋老师看看我,又看看风葫芦,说:"有人把我反映到上级那儿,说我把娃娃惯坏了!"

我迷蒙的心里透出一条缝儿,于是就想到村子里许多议论来。乡村人看不惯这个新式先生,整天和娃娃耍闹,没得一点儿先生的架势嘛!自古谁见过先生脱了衣裳,跟学生在河里打水仗?失了体统嘛!我依稀记得,我的父亲说过这些话,在大槐树下和几个老汉一起说。那个现在还不知姓名的盘踞在小庙里的老师，也在村里人中间摇头摆手……他们却居然不能容忍孩子喜欢的一位老师！

三十多年后的一个春天，我在县教育系统奖励优秀中小学教师的大会上，意外地握住了蒋老师的手。他的胸前挂着"三十年教龄"纪念章，金光给他多皱的脸上增添了光彩。

他向我讨要我发表过的小说。

我却从日记本里给他取出一张丝片来。

"你真的给我保存了三十年?"他吃惊了。

哪能呢？我告诉他，在我中学毕业以后，回到乡间，也在那个拆掉古庙新盖的小学里教书。第一个春天，我就记起来该暖蚕子了。和我的学生一起养蚕儿，网一张丝片，铺到墨盒里，无论走到天涯海角，都带着我踏上社会的第一个春天的情丝……

老人把丝片接到手里，看着那一根一绺有条不紊的金黄的丝片，两滴眼泪滴在上面了……

1982年1月灞桥

（选自《陈忠实小说自选集》）

蝉与纺织娘

郑振铎

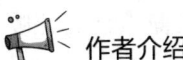 作者介绍

郑振铎,著名作家、学者、文学评论家、文学史家、翻译家。

代表作有《猫》《我们是少年》《插图本中国文学史》等。

你如果有福气独自坐在窗内,静悄悄的没一个人来打扰你,一点钟,两点钟的过去,嘴里衔着一支烟,躺在沙发上慢慢地喷着烟云,看它一白圈一白圈地升上,那末在这静境之内,你便可以听到那墙角阶前的鸣虫的奏乐。

那鸣虫的作响,真不是凡响;如果你曾听见过曼杜令的低奏,你曾听见过一支洞箫在月下湖上独吹着;你曾听见过红楼的重幔中透漏出的弦管声,你曾听见过流水淙淙的由溪石间流过,或你曾倚在山阁上听着飒飒的松风在足下拂过,那末,你便可以把那如何清幽的鸣虫之叫声想象到一二了。

虫之乐队，因季候的关系而颇有不同，夏天与秋令的虫声，便是截然的两样。蝉之声是高旷的，享乐的，带着自己满足之意的；它高高的栖在梧桐树或竹枝上，迎风而唱，那是生之歌，生之盛年之歌，那是结婚曲，那是中世纪武士美人的大宴时的行吟诗人之歌。无论听了那叽——叽——的漫长声，或叽格——叽格——的较短声，都可同样的受到一种轻快的美感。秋虫的鸣声最复杂。但无论纺织娘的咭嘎，蟋蟀的唧唧，金铃子之叮令，还有无数无数不可名状的秋虫之鸣声，其声调之凄抑却都是一样的；它们唱的是秋之歌，是暮年之歌，是薤露之曲。它们的歌声，是如秋风之扫落叶，怨妇之奏琵琶，孤峭而幽奇，清远而凄迷，低徊而愁肠百结。你如果是一个孤客，独宿于荒郊逆旅，一盏荧荧的油灯，对着一张板床，一张木桌，一二张硬板凳，再一听见四壁唧唧知知的虫声间作，那你今夜便不用再想稳稳的安睡了，什么愁情，乡思，以及人生之悲感，都会一串串的从根儿勾引起来，在你心里翻来覆去，如白老鼠在戏笼中走轮盘一般，一上去便不用想下来憩息。如果你不是一个客人，你有家庭，你有很好的太太，你并没有什么闲愁胡想，那末，在你太太已睡之后，你想在书房中静静的写些东西时，这唧唧的秋虫之声却也会无端的窜入你的心里，翻掘起你向不曾有过的一种凄感呢。如果那一夜是一个月夜，天井里统是银白色，枯秃的树影，一根一条的很清朗的印在地上，那末你的感触将更深了。那也许就是所谓悲秋。

秋虫之声，大都在蝉之夏曲已告终之后出现，那正与气候之寒暖相应。但我却有一次奇异的经验；在无数的纺织娘之鸣声已来了之后，却又听得满耳的蝉声。我想我们的读者中有这种经验的人是必不多的。

我在山中，每天听见的只有蝉声，鸟声还比不上。那时天气是很热，即在山上，也觉得并不凉爽。正午的时候，躺在廊前的藤榻上，要求一点的凉风，却见满山的竹树梢头，一动也不动，看看足底下的花草，也都静静的站着，如老僧入了定似的。风扇之类既得不到，只好不断的用手巾来拭汗，不断的在摇挥那纸扇了。在这时候，往往有几缕的蝉声在槛外鸣奏着。闭了目，静静的听了它们在忽高忽低，忽断忽续，此唱彼和，仿佛是一大阵绝清幽的乐队在那里奏着绝清幽的曲子，炎热似乎也减少了，然后，矇眬的矇眬的睡去了，什么都不觉得。良久，良久，清梦醒来时，却又是满耳的蝉声。山中的蝉真多！绝早的清晨，老妈子们和小孩子们常去抱着竹干乱摇一阵，而一只两只的蝉便要跟随了朝露而落到地上了。每一个早晨，在我们滴翠轩的左近，至少是百只以上之蝉是这样的被捉。但蝉声并不减少。

常常的，一只蝉两只蝉，叽的一声，飞入房内，如平时我们所见的青油虫及灯蛾之飞入一样。这也是必定被人所捉的。有一天，见有什么东西在槛外倒水的铅斗中咯笃咯笃的作响，俯身到槛外一看，却又是一只蝉，这当然又是一个俘虏了。还有好几次，在山脊上走时，忽见矮林丛中有什么东西在动，拨开林丛一看，却也是一只蝉。它是被竹枝竹叶挡阻住了不能飞去。我把它拾在手中。同行的心南先生说，"这有什么稀奇，放走了它吧。要多少还怕没有！"我便顺手把它向风中一送，它悠悠扬扬的飞去很远很远，渐渐的不见了。我想不到这只蝉就是刚才在地上拾了来的那一只！

初到时，颇想把它们捉几个寄到上海去送送人。有一次，便托了老妈子去捉。她在第二天一早，果然捉了五六只来放在一个大香烟纸盒中，不料给依真一见，她却吵着，带强迫的要去。我又托那个老妈子去捉。第二天，又捉了四五只来，依真的纸盒中却只剩下两只活的，其余的都死了。到了晚上，我的几只，也死了一半。因此，寄到上海的计划遂根本的打消了。从此以后，便也不再托人去捉，自己偶然捉来的，也都随手的放去了。那样不经久的东西，留下了它干什么用！不过孩子们却还热心的去捉。依真每天要捉至少三只以上用细绳子缚在铁杆上。有一次，曾有一只蝉居然带了红绳子逃去了；很长的一根红绳子，拖在它后面，在风中飘荡着，很有趣味。

半个月过去了；有的时候，似乎蝉声略少，第二天却又多了起来。虽然是叽——叽——的不息的鸣着，却并不觉喧扰；所以大家都不讨厌它们。我却特别的爱听它们的歌唱，那样的高旷清远的调子，在什么音乐会中可以听得到！我每以蝉声将绝为虑，时时的干涉孩子们的捕捉。

到了一夜，狂风大作，雨点如从水龙头上喷出似的，向槛内廊上倾倒。第二天还不放晴。再过一天，晴了，天气却很凉，蝉声乃不再听见了！全山上在鸣唱着的却换了一种咭嘎——咭嘎——的急促而凄楚的调子，那是纺织娘。

"秋天到了，"我这样的说着，颇动了归心。

再一天，纺织娘还是咭嘎咭嘎的唱着。

然而，第三天早晨，当太阳晒得满山时，蝉声却又听见了！且很不少。我初听不信；叽——叽——叽格——叽格——那确是蝉声！纺织娘之声却又潜踪了。

蝉回来了，跟它回来的是炎夏。从箱中取出的棉衣又复放入箱中。下山之计遂又打消了。

谁曾于听了纺织娘歌声之后再听见蝉的夏曲呢？这是我的一个有趣的经验。

十一月八日夜补记
（选自《山中杂记》）

夜莺之歌

[意]加百利·邓南遮 著 吕同六 译

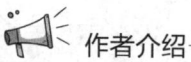作者介绍

加百利·邓南遮,意大利著名诗人、小说家、剧作家。著有《初春》《新歌》《阿尔奇奥内》等。

夜莺在歌唱。起初,歌声散发着悦耳的喜气洋洋的欢欣,犹如珍珠跌落玻璃琴键,在空气中弹出柔和的颤音。随后,一片沉寂。一声婉转的啼鸣升将起来,极其轻盈,摇曳不绝,仿佛是为了展示力量,表明勇气,为了向一名陌生的对手发出挑战。又是一片沉寂。这三种音调的旋律,渗透着一种捉摸不定的情感,仿佛是由芦苇制作的纤细的长笛或牧童的风笛抒发出的声声轻柔的变奏,五回或六回重复着小小的企求。

第三次沉寂。歌声转化为哀歌,无精打采地展开,犹如一声叹息,显得缓和,犹如一声呻吟,显得软弱,传达了一名孤独的恋人的忧伤,一种凄清的愿望,一种徒然的期待;它发出了一声

呼唤，最终的、突然的、尖利的呼唤，犹如一声悲凉的呐喊，然后消失了。

　　另一次沉寂，愈发抑郁的沉寂。于是听得一种新的声音，它仿佛不是发自那原先的喉管，它显得那么胆怯、谦卑、哀幽，它那么像初生的鸟儿的唧唧叫鸣，像麻雀的声声啁啾；然后，这真纯的乐音，以令人惊奇的反复变化，渐渐化为愈来愈急促的音符，它们在颤动的歌声的飞翔中闪烁，在清晰曼妙的歌吟中振荡，在无比大胆的回环中奔突，忽儿跌落，忽儿拔高，径直上升到高音之部。

　　歌者显然陶醉于自己的歌声。沉寂是如此的短暂，各种音符因而几乎未曾消失。歌者更把自己的陶醉倾注于充溢着激情和温柔、低回和嘹亮、轻俏和沉重的始终多姿多彩的旋律；这旋律时而被纤弱的呻吟或悲戚的恳求，奔放的冲动或高音的召唤所打断。

　　花园仿佛也在洗耳恭听，天穹也向忧伤的树木俯下身子，而那位隐身的诗人，正从树的枝头，煽动诗的波浪。簇簇鲜花深深地、静悄悄地呼吸。西方地平线上凝聚着某种昏黄的光团；白昼的最后的回眸是忧伤的，几乎是凄切的。不过，一颗星星已然升起，那么鲜亮，颤悠悠，犹如一滴灿烂的露珠。

（选自《意大利经典散文》）

草 莓

[波兰] 雅·伊瓦什凯维奇 著 韩 逸 译

 作者介绍

雅·伊瓦什凯维奇,波兰诗人、小说家、戏剧家。著有《草莓》《红色的盾牌》等。

  时值九月,但夏意正浓。天气反常地暖和,树上也见不到一片黄叶。葱茏茂密的枝柯之间,也许个别地方略见疏落,也许这儿或那儿有一片叶子颜色稍淡;但它并不起眼,不去仔细寻找便难以发现。天空像蓝宝石一样晶莹璀璨,挺拔的檞树生意盎然,充满了对未来的信念。农村到处是欢歌笑语。秋收已顺利结束,挖马铃薯的季节正碰上艳阳天。地里新翻的玫瑰红土块,有如一堆堆深色的珠子,又如野果一般的娇艳。我们许多人一起去散步,兴味酣然。自从我们五月来到乡下以来,一切基本上都没有变,依然是那样碧绿的树,湛蓝的天,欢快的心田。

  我们漫步田野。在林间草地上我意外地发现了一颗晚熟的硕大草莓。我把它含在嘴里，它是那样的香，那样的甜，真是一种稀世的佳品！它那沁人心脾的气味，在我的嘴角唇边久久地不曾消逝。这香甜把我的思绪引向了六月，那是草莓最盛的时光。

此刻我才察觉到早已不是六月。每一月，每一周，甚至每一天都有它自己独特的色调。我以为一切都没有变，其实只不过是一种幻觉！草莓的香味形象地使我想起，几个月前跟眼下是多么不一般。那时，树木是另一种模样，我们的欢笑是另一番滋味，太阳和天空也不同于今天。就连空气也不一样，因为那时送来的是六月的芬芳。而今已是九月，这一点无论如何也不能隐瞒。树木是绿的，但只需吹第一阵寒风，顷刻之间就会枯黄；天空是蔚蓝的，但不久就会变得灰惨惨；鸟儿尚没有飞走，只不过是由于天气异常的温暖。空气中已弥漫着一股秋的气息，这是翻耕了的土地、马铃薯和向日葵散发出的芳香。还有一会儿，还有一天，也许两天……

我们常以为自己还是妙龄十八的青年，还像那时一样戴着桃色眼镜观察世界，还有着同那时一样的爱好，一样的思想，一样的情感。一切都没有发生任何的突变。简而言之，一切都如花似锦，韶华灿烂。大凡已成为我们的禀赋的东西都经得起各种变化和时间的考验。

但是，只需去重读一下青年时代的书信，我们就会相信，这种想法是何其荒诞。从信的字里行间飘散出的青春时代呼吸的空气，与今天我们呼吸的已大不一般。直到那时我们才察觉我们度过的每一天时光，都赋予了我们不同的色彩和形态。每日朝霞变幻，越来越深刻地改变着我们的心性和容颜；似水流年，彻底再造了我们的思想和感情。有所剥夺，也有所增添。当然，今天我们还很年轻——但只不过是"还很年轻"！还有许多的事情在前面等着我们去办。激动不安、若明若暗的青春岁月之后，到来的是成年期成熟的思虑，是从容不迫的有节奏的生活，是日益丰富的经验，是一座内心的信仰和理性的大厦的落成。

然而，六月的气息已经一去不返了。它虽然曾经使我们惴惴不安，却浸透了一种不可取代的香味，真正的六月草莓的那种妙龄十八的馨香。

（选自《20世纪外国散文经典》）

山是青的云是白的

陈学昭

 作者介绍

陈学昭,著名作家。

著有《南风的梦》《纪念的日子》《倦旅》《天涯归客》《如水年华》《新柜中缘》等。

从学校的宿舍楼台上瞭望着 Bois de Vincermes 的密密丛丛的大树林,特别是向晚的时候,万叶千枝在晚风中摇曳着,发出那潇淅的声音,它遮盖了院子里传来的笑声,客厅里传来的琴声,似乎只有它是唯一的领有这世上的一切了,而我的心境也被克服于它的尊严之下。

巴黎近郊的秋天似乎来得特别快,我进校不过五六天,连着已下了三次的晚雨,凉得使我们穿着羊毛绒的外衣还尽喊冷,夜里拥着鸭绒垫子睡,还只是不够暖,晚上十时正熄了灯,无聊而又一无睡意的不能不睡到床上去,此时听着那潇淅的风雨中隐约的夹着进城去的小火车的汽笛声,自然而然地起了一点乡愁,可是,也很奇怪的一种感觉,把我又还到在上海 A 校时候的情形去了。

真的学校生活又把我回复到了我的童年,我不复被人看为大人样了,我是一群 Diable 中的一个:我们在油滑光亮的走廊地板上溜冰,我们在客室里偷着跳舞,一到校长黛李夫人出去了,我们高兴得恨不能飞了起来,显然的饭厅里只有我们几个人,我们大口地喝着红酒,大声地笑。

"你还要么?可以再拿一点罢!"雅丽(一个 Tounou 的胖女孩)装着黛李夫人的口气说。

"谢谢!夫人!"玛丽(捷克斯拉夫人到学校近五个月了)装腔的回答。

"哦!还有夏绿德小姐,妈妈!"我装腔扮了黛李小姐(黛李夫人的女孩,她常在她母亲旁边指点出她母亲所遗忘的事)的口吻。

"呀!真的,绿德,你还要么?要一点水果么?"

"不!谢谢!夫人,我不舒服呢!"

绿德小姐已来校三年了,我们中要算她最老资格,她一直住在校中,往巴黎大学去上课,同时也读校里的功课,她已经考得一张法国文学的文凭,今年她还在预备考第二张哲学的。她是西班牙人,入籍美国的。这位小姐的身体不大好,她不能多吃东西,只是水果,是她所独爱的。

这世界好像全是我们的了,我们真高兴,当黛李夫人出去了之后,我们的头好像都宽松了起来,真的好像要飞了的样子,本来饭毕走出客厅时,我们大家彼此都要握手告别,走在楼梯上都要轻轻的，此刻呢，不同了！"孩子们出去！赶快出去！"于是从客厅里拥出去，跳的，跑的，一切声音都混乱地同时发了出来。

我逃到自己的房间里，一照镜子，忍不住大声地发出了笑，作恶的雅丽，她把一些吃剩的面包投在我的颈里，竟有还贴住了我的面颊的："这作恶的东西，等一忽儿用点心时与她算账！"我笑着想。

暑假还有一个半月，黛李夫人刚从今天上午去避暑了，在半个月后她就要回来，那时候，我们又将被关在一只小木箱里似的拘束了："是！夫人"——"谢谢！夫人！"

晚饭后我独自坐在楼台上，电灯熄了，想起白天的一切很觉发笑，一阵风声又把我引到了别处。

新月正从树梢头透出，已经是八月十日了。

我离开高埠毫不犹豫，大家希望我再留十五天，而我终于决定走了。

"高埠真好呀！山是青的，云是白的，中国人是少的，水果是便宜的，街上是静静的，牛粪是臭的。"我常常这样喊。

"再留十五天，好不好的？"

"不好的！"

此刻呢，一想起一个法郎五十生丁一个 Livre 的梨子，却颇有点悔了的样子：虽然我从不曾说过"好的！"

——Ah! il est bien loin d'ici, de l'autre, c'lé de la montague; mais je le vois et je l'enteuds et je le sens Comme s'il me touchait.

同时我想着那向晚坐在草地上看新月，对着长空，诉说往事的懊恼及惆怅,一种为温情的友谊所起的安慰,直溢满了我的心,我不知不觉地这样喊出了 Chausons de Bilitis 里的几句。

我想念那使得我想念的温情的朋友:近的,远的,更远的,远的朋友。

一九二九,八,一一,晚
(选自《朝花旬刊》)

雅 舍

梁实秋

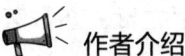作者介绍

梁实秋,散文家、学者、文学批评家、翻译家。
代表作有《雅舍小品》《英国文学史》等。

到四川来,觉得此地人建造房屋最是经济。火烧过的砖,常常用来做柱子,孤零零的砌起四根砖柱,上面盖上一个木头架子,看上去瘦骨嶙嶙,单薄得可怜;但是顶上铺了瓦,四面编了竹篦墙,墙上敷了泥灰,远远地看过去,没有人能说不像是座房子。我现在住的"雅舍"正是这样一座典型的房子。不消说,这房子有砖柱,有竹篦墙,一切特点都应有尽有。讲到住房,我的经验不算少,什么"上支下摘""前廊后厦""一楼一底""三上三下""亭子间""茅草棚""琼楼玉宇"和"摩天大厦",各式各样,我都尝试过。我不论住在那里,只要住得稍久,对那房子便发生感情,非不得已我还舍不得搬。这"雅舍",我初来时

仅求其能蔽风雨，并不敢存奢望，现在住了两个多月，我的好感油然而生。虽然我已渐渐感觉它是并不能蔽风雨，因为有窗而无玻璃，风来则洞若凉亭，有瓦而空隙不少，雨来则渗如滴漏。纵然不能蔽风雨，"雅舍"还是自有它的个性。有个性就可爱。

"雅舍"的位置在半山腰，下距马路约有七八十层的土阶。前面是阡陌螺旋的稻田。再远望过去是几抹葱翠的远山，旁边有高粱地，有竹林，有水池，有粪坑，后面是荒僻的榛莽未除的土山坡。若说地点荒凉，则月明之夕，或风雨之日，亦常有客到，大抵好友不嫌路远，路远乃见情谊。客来则先爬几十级的土阶，进得屋来仍须上坡，因为屋内地板乃依山势而铺，一面高，一面低，坡度甚大，客来无不惊叹，我则久而安之，每日由书房走到饭厅是上坡，饭后鼓腹而出是下坡，亦不觉有大不便处。

"雅舍"共是六间，我居其二。篱墙不固，门窗不严，故我与邻人彼此均可互通声息。邻人轰饮作乐，咿唔诗章，喁喁细语，以及鼾声，喷嚏声，吮汤声，撕纸声，脱皮鞋声，均随时由门窗户壁的隙处荡漾而来，破我岑寂。入夜则鼠子瞰灯，才一合跟，鼠子便自由行动，或搬核桃在地板上顺坡而下，或吸灯油而推翻烛台，或攀援而上帐顶，或在门框桌脚上磨牙，使得人不得安枕。但是对于鼠子，我很惭愧地承认，我"没有法子"。"没有法子"一语是被外国人常常引用着的，以为这话最足代表中国人的懒惰隐忍的态度。其实我的对付鼠子并不懒惰。窗上糊纸，纸一戳就破；门户关紧，而相鼠有牙，一阵咬便是一个洞洞。试问还有什么法子？洋鬼子住到"雅舍"里，不也是"没有法子"？

比鼠子更骚扰的是蚊子。"雅舍"的蚊风之盛，是我前所未见的。"聚蚊成雷"真有其事！每当黄昏时候，满屋里磕头碰脑的全是蚊子，又黑又大，骨骼都像是硬的。在别处蚊子早已肃清的时候，在"雅舍"则格外猖獗，来客偶不留心，则两腿伤处累累隆起如玉蜀黍，但是我仍安之。冬天一到，蚊子自然绝迹，明年夏天——谁知道我还是住在"雅舍"！

"雅舍"最宜月夜——地势较高，得月较先。看山头吐月，红盘乍涌，一霎间，清光四射，天空皎洁，四野无声，微闻犬吠，坐客无不悄然！舍前有两株梨树，等到月升中天，清光从树间筛洒而下，地上阴影斑斓，此时尤为幽绝。直到兴阑人散，归房就寝，月光仍然逼进窗来，助我凄凉。细雨蒙蒙之际，"雅舍"亦复有趣。推窗展望，俨然米氏章法，若云若雾，一片弥漫。但若大雨滂沱，我就惶悚不安了，屋顶湿印到处都有，起初如碗大，俄而扩大如盆，继则滴水乃不绝，终乃屋顶灰泥突然崩裂，如奇葩初绽，砉然一声而泥水下注，此刻满室狼藉，抢救无及。此种经验，已数见不鲜。

"雅舍"之陈设，只当得简朴二字，但洒扫拂拭，不使有纤尘。我非显要，故名公巨卿之照片不得入我室；我非牙医，故无博士文凭张挂壁间；我不业理发，故丝织西湖十景以及电影明星之照片亦均不能张我四壁。我有一几一椅一榻，酣睡写读，均已有着，我亦不复他求。但是陈设虽简，我却喜欢翻新布置。西人常常讥笑妇人喜欢变更桌椅位置，以为这是妇人天性喜变之一征。诬否且不论，我是喜欢改变的。中国旧式家庭，陈设千篇一律，正厅上是一条案，前面一张八仙桌，一边一把靠椅，两旁是两把靠椅夹一只茶几。我以为陈设宜求疏落参差之致，最忌

排偶。"雅舍"所有，毫无新奇，但一物一事之安排布置俱不从俗。人入我室，即知此是我室。笠翁《闲情偶寄》之所论，正合我意。

"雅舍"非我所有，我仅是房客之一。但思"天地者万物之逆旅"，人生本来如寄，我住"雅舍"一日，"雅舍"即一日为我所有。即使此一日亦不能算是我有，至少此一日"雅舍"所能给予之苦辣酸甜，我实躬受亲尝。刘克庄词："客里似家家似寄。"我此时此刻卜居"雅舍"，"雅舍"即似我家。其实似家似寄。我亦分辨不清。

长日无俚，写作自遣，随想随写，不拘篇章，冠以"雅舍小品"四字，以示写作所在，且志因缘。

(选自《雅舍小品》)

窗外的大树

周有光

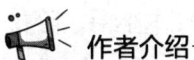 **作者介绍**

周有光,经济学教授、语言文字学家。

著有《汉字改革概论》《世界文字发展史》《中国语文的现代化》等。

我在85岁那年,离开办公室,回到家中一间小书室,看报、看书,写杂文。

小书室只有9平方米,放了一顶上接天花板的大书架,一张小书桌,两把椅子和一个茶几,所余空间就很少了。

两椅一几,我同老伴每天并坐,红茶咖啡,举杯齐眉,如此度过了我们的恬静晚年。小辈戏说我们是两老无猜。老伴去世后,两椅一几换成一个沙发,我每晚在沙发上屈腿过夜,不再回到卧室去。

人家都说我的书室太小。我说,够了,心宽室自大,室小心

乃宽。

有人要我写"我的书斋"。我有书而无斋，我写了一篇《有书无斋记》。

我的座椅旁边有一个放文件的小红木柜，是旧家偶然保存下来的遗产。

我的小书桌面已经风化，有时刺痛了我的手心；我用透明胶贴补，光滑无刺，修补成功。古人顽石补天，我用透明胶贴补书桌，这是顽石补天的现代翻版。

一位女客来临，见到这个情景就说，精致的红木小柜，陪衬着破烂的小书桌，古今相映，记录了你家的百年沧桑。

顽石补天是我的得意之作。我下放宁夏平罗"五七干校"，劳动改造，裤子破了无法补，急中生智，用橡皮胶布贴补，非常实用。

林彪死后，我们"五七战士"全都回北京了。我把橡皮胶布贴补的裤子给我老伴看，引得一家老小哈哈大笑！

聂绀弩在一次开会时候见到我的裤子，作诗曰："人讥后补无完裤，此示先生少俗情"！

我的小室窗户只有一米多见方。窗户向北，"亮光"能进来，"太阳"进不来。

窗外有一棵泡桐树，20多年前只是普通大小，由于不作截枝整修，听其自然生长，年年横向蔓延，长成荫蔽对面楼房十几间宽广的蓬松大树。

我向窗外抬头观望，它不像是一棵大树，倒像是一处平广的林木村落，一棵大树竟然自成天地，独创一个大树世界。

它年年落叶发芽，春华秋实，反映季节变化；摇头晃脑，报告阴晴风信,它是天然气象台。

我室内天地小,室外天地大,仰望窗外,大树世界开辟了我的广阔视野。

许多鸟群聚居在这个林木村落上。

每天清晨,一群群鸟儿出巢,集结远飞,分头四向觅食。

鸟儿们分为两个阶级。贵族大鸟,喜鹊为主,骄踞大树上层。群氓小鸟,麻雀为主,屈居大树下层。它们白天飞到哪里去觅食,我无法知道。一到傍晚,一群群鸟儿先后归来了。

它们先在树梢休息,漫天站着鸟儿,好像广寒官在开群英大会,大树世界展示了天堂之美。

天天看鸟,我渐渐知道,人类远不如鸟类。鸟能飞,天地宽广无垠。人不能飞,两腿笨拙得可笑,只能局促于斗室之中。

奇特的是,时有客鸟来访。每群大约一二十头,不知叫什么鸟名,转了两三个圈,就匆匆飞走了。你去我来,好像轮番来此观光旅游。

有时鸽子飞来,在上空盘旋,带着响铃。

春天的燕子是常客,一队一队,在我窗外低空飞舞,几乎触及窗子,丝毫不怕窗内的人。

我真幸福,天天神游于窗外的大树宇宙、鸟群世界。其乐无穷!

不幸,天道好变,物极必反。大树的枝叶,扩张无度,挡蔽了对面大楼的窗户;根枝伸展,威胁着他们大楼的安全,终于招来了大祸。一个大动干戈的砍伐行动开始了。大树被分尸断骨,浩浩荡荡,搬离远走。

天空更加大了,可是无树无鸟,声息全无!

我的窗外天地，大树宇宙，鸟群世界，乃至春华秋实、阴晴风雨，从此消失！

（2009.3.11，时年104岁）
（选自《风在诉说着时候：人民日报2009年散文精选》）

桂花雨

琦 君

作者介绍

琦君,中国台湾女作家。

代表作有《三更有梦书当枕》《桂花雨》《细雨灯花落》《读书与生活》等。

中秋节前后,就是故乡的桂花季节。一提到桂花,那股子香味就仿佛闻到了。桂花有两种,月月开的称木樨,花朵较细小,呈淡黄色,台湾好像也有,我曾在走过人家围墙外时闻到这股香味,一闻到就会引起乡愁。另一种称金桂,只有秋天才开,花朵较大,呈金黄色。我家的大宅院中,前后两大片旷场,沿着围墙,种的全是金桂。唯有正屋大厅前的庭院中,种着两株木樨、两株绣球。还有父亲书房前的廊檐下,是几盆茶花与木樨相间。

小时候,我对无论什么花,都不懂得欣赏。尽管父亲指指点点地告诉我,这是凌霄花、这是叮咚花、还是木碧花……我除了

记些名称外，最喜欢的还是桂花。桂花树不像梅花那么有姿态，笨笨拙拙的，不开花时，只是满树茂密的叶子，开花季节也得仔细地从绿叶丛里找细花，它不与繁花斗艳。可是桂花的香气味，真是迷人。迷人的原因，是它不但可以闻，还可以吃。"吃花"在诗人看来是多么俗气。但我宁可俗，就是爱桂花。桂花，真叫我魂牵梦萦。

　　故乡是近海县乡，八月正是台风季节。母亲称之为"风水忌"。桂花一开放，母亲就开始担心了。"可别做风水啊！"就是台风来的意思。她担心的第一是将收成的稻谷，第二就是将收成的桂花。桂花也像桃梅李果，也有收成呢！母亲每天都要在前后院子走一遭，嘴里念着："只要不做风水，我可以收几大箩。送一斗给胡宅老爷爷，一斗给毛宅二婶婆，他们两家糕饼做得多。"原来桂花是糕饼的香料。桂花开得最茂盛时，不说香闻十里，至少前后左右十几家邻居，没有不浸在桂花香里的。桂花成熟时，就应当"摇"，摇下来的桂花，朵朵完整、新鲜，如任它开过谢落在泥土里，尤其是被风吹落，那就湿落落的，香味差太多了。"摇桂花"对于我是件大事，所以老是盯着母亲问："妈，怎么还不摇桂花嘛？"母亲说："还早呢，没开足，摇不下来的。"可是母亲一看天空阴云密布，云脚长毛，就知道要"做风水"了，赶紧吩咐长工提前"摇桂花"，这下，我可乐了。帮着在桂花树下铺篾簟，帮着抱住桂花树使劲地摇，桂花纷纷落下来，落得我们满头满身，我就喊："啊！真像下雨，好香的雨啊！"母亲洗净双手，撮一撮挂花放在水晶盘中，送到佛堂供佛，父亲点上檀香，炉烟袅袅，两种香混合在一起，佛堂就像神仙世界。于是父亲诗兴发了，即时口占一绝："细细香风淡淡烟，竞收桂子庆丰年。儿童解得摇花乐，花雨缤纷入梦甜。"诗虽不见得高明，但在我心目中，父亲确实是才高八斗，出口成诗呢。桂花摇落之后，全家动员，拣去小枝小叶，铺开在簟子里，晒上好几天太阳，晒干了，放在铁罐子里，和在茶叶中泡茶，做桂花卤，过年时做糕饼。全年，整个村庄，都沉浸在桂花香中。

念中学时到了杭州，杭州有一处名胜满觉珑，一座小小山坞，全是桂花，花开时那才是香闻十里。我们秋季远足，一定去满觉珑赏桂花。"赏花"是借口，主要的是饱餐"桂花栗子羹"。因为满觉珑除桂花以外，还有栗子。花季栗子正成熟，软软的新剥栗子，和着西湖白莲藕粉一起煮，面上撒几朵桂花，那股子淡雅清香是无论如何没有字眼形容的。即使不撒桂花也一样清香，因为栗子长在桂花丛中，本身就带有桂花香。我们边走边摇，桂花飘落如雨，地上不见泥土，铺满桂花，踩在花上软绵绵的，心中有点不忍，这大概就是母亲说的"金沙铺地，西方极乐世界"吧。母亲一生辛劳，无怨无尤，就是因为她心中有一个金沙铺地、玻璃琉璃的西方极乐世界。

我回家时，总捧一大袋桂花回来给母亲。可是母亲常常说："杭州的桂花再香，还是比不得家乡旧宅院子里的金桂。"于是我也想起了在故乡童年时代的"摇花乐"，和那阵阵的桂花雨。

（选自《翡翠的心》）

听听那冷雨

余光中

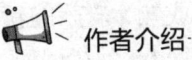
作者介绍

余光中,著名诗人和评论家。

主要诗作有《乡愁》《白玉苦瓜》《等你,在雨中》;诗集《灵河》《石室之死》《余光中诗选》;诗论集《诗人之境》《诗的创作与鉴赏》等。

惊蛰一过,春寒加剧。先是料料峭峭,继而雨季开始,时而淋淋漓漓,时而淅淅沥沥,天潮潮地湿湿,即连在梦里,也似乎把伞撑着。而就凭一把伞,躲过一阵潇潇的冷雨,也躲不过整个雨季。连思想也都是潮润润的。每天回家,曲折穿过金门街到厦门街迷宫式的长巷短巷,雨里风里,走入霏霏令人更想入非非。想这样子的台北凄凄切切完全是黑白片的味道,想整个中国整部中国的历史无非是一张黑白片子,片头到片尾,一直是这样下着雨的。这种感觉,不知道是不是从安东尼奥尼那里来的。不过那一块土地是久违了，二十五年，四分之一的世纪，即使有雨，也隔着千山万山，千伞万伞。二十五年，一切都断了，只有气候，只有气象报告还牵连在一起。大寒流从那块土地上弥天卷来，这种酷冷吾与古大陆分担。不能扑进她怀里，被她的裙边扫一扫吧也算是安慰孺慕之情。

　　这样想时，严寒里竟有一点温暖的感觉了。这样想时，他希望这些狭长的巷子永远延伸下去，他的思路也可以延伸下去，不是金门街到厦门街，而是金门到厦门。他是厦门人，至少是广义的厦门人，二十年来，不住在厦门，住在厦门街，算是嘲弄吧，也算是安慰。不过说到广义，他同样也是广义的江南人，常州人，南京人，川娃儿，五陵少年。杏花春雨江南，那是他的少年时代了。再过半个月就是清明。安东尼奥尼的镜头摇过去，摇过去又摇过来。残山剩水犹如是。皇天后土犹如是。纭纭黔首纷纷黎民从北到南犹如是。那里面是中国吗？那里面当然还是中国永远是中国。只是杏花春雨已不再，牧童遥指已不再，剑门细雨渭城轻尘也都已不再。然而他日思夜梦的那片土地，究竟在哪里呢？

　　在报纸的头条标题里吗？还是香港的谣言里？还是傅聪的黑键白键马思聪的跳弓拨弦？还是安东尼奥尼的镜底勒马洲的望中？还是呢，故宫博物院的壁头和玻璃橱内，京戏的锣鼓声中太白和东坡的韵里？

　　杏花。春雨。江南。六个方块字，或许那片土就在那里面。而无论赤县也好神州也好中国也好，变来变去，只要仓颉的灵感不灭美丽的中文不老，那形象，那磁石一般的向心力当必然长在。因为一个方块字是一个天地。太初有字，于是汉族的心灵他祖先的回忆和希望便有了寄托。譬如凭空写一个"雨"字，点点滴滴，滂滂沱沱，淅沥淅沥淅沥，一切云情雨意，就宛然其中了。视觉上的这种美感，岂是什么 rain 也好 pluie 也好所能满足？翻开一部《辞源》或《辞海》，金木水火土，各成世界，而一入"雨"部，古神州的天颜千变万化，便悉在望中，美丽的霜雪云霞，骇人的雷电霹雹，展露的无非是神的好脾气与坏脾气，气象台百读不厌门外汉百思不解的百科全书。

听听，那冷雨。看看，那冷雨。嗅嗅闻闻，那冷雨，舔舔吧那冷雨。雨在他的伞上这城市百万人的伞上雨衣上屋上天线上雨下在基隆港在防波堤在海峡的船上，清明这季雨。雨是女性，应该最富于感性。雨气空蒙而迷幻，细细嗅嗅，清清爽爽新新，有一点点薄荷的香味，浓的时候，竟发出草和树沐发后特有的淡淡土腥气，也许那竟是蚯蚓和蜗牛的腥气吧，毕竟是惊蛰了啊。也许地上的地下的生命也许古中国层层叠叠的记忆皆蠢蠢而蠕，也许是植物的潜意识和梦吧，那腥气。

第三次去美国，在高高的丹佛他山居了两年。美国的西部，多山多沙漠，千里干旱，天，蓝似安格罗·撒克逊人的眼睛，地，红如印第安人的肌肤，云，却是罕见的白鸟。落基山簇簇耀目的雪峰上，很少飘云牵雾。一来高，二来干，三来森林线以上，杉柏也止步，中国诗词里"荡胸生层云"，或是"商略黄昏雨"的意趣，是落基山上难睹的景象。落基山岭之胜，在石，在雪。那些奇岩怪石，相叠互倚，砌一场惊心动魄的雕塑展览，给太阳和千里的风看。那雪，白得虚幻幻，冷得清清醒醒，那股皑皑不绝一仰难尽的气势，压得人呼吸困难，心寒眸酸。不过要领略"白云回望合，青霭入看无"的境界，仍须回来中国，台湾湿度很高，最饶云气氤氤氲雨意迷离的情调。两度夜宿溪头,树香沁鼻,宵寒袭肘,枕着润碧湿翠苍苍交叠的山影和万籁都歇的岑寂,仙人一样睡去。山中一夜饱雨,次晨醒来,在旭日未升的原始幽静中,冲着隔夜的寒气,踏着满地的断柯折枝和仍在流泻的细股雨水,一径探入森林的秘密,曲曲弯弯,步上山去。溪头的山,树密雾浓,蓊郁的水汽从谷底冉冉升起,时稠时稀,蒸腾多姿,幻化无定,只能从雾破云开的空处,窥见乍现即隐的一峰半壑,要纵览全貌,几乎是不可能的。至少入山两次,只能在白茫茫里和溪头诸峰玩捉迷藏的游戏。回到台北,世人问起,除了笑而不答心自闲,故作神秘之外,实际的印象,也无非山在虚无之间罢了。云缭烟绕,山隐水迢的中国风景,由来予人宋画的韵味。那天下也许是赵家的天下,那山水却是米家的山水。而究竟,是米氏父子下笔像中国的山水,还是中国的山水上纸像宋画。恐怕是谁也说不清楚了吧?

　　雨不但可嗅,可观,更可以听。听听那冷雨。听雨,只要不是石破天惊的台风暴雨,在听觉上总有一种美感。大陆上的秋天,无论是疏雨滴梧桐,或是骤雨打荷叶,听去总有一点凄凉,凄清,凄楚,于今在岛上回味,则在凄楚之外,更笼上一层凄迷了。饶你多少豪情侠气,怕也经不起三番五次的风吹雨打。一打少年听雨,红烛昏沉。二打中年听雨,客舟中,江阔云低。三打白头听雨在僧庐下,这便是亡宋之痛,一颗敏感心灵的一生:楼上,江上,庙里,用冷冷的雨珠子串成。十年前,他曾在一场摧心折骨的鬼雨中迷失了自己。雨,该是一滴湿漓漓的灵魂,窗外在喊谁。

　　雨打在树上和瓦上,韵律都清脆可听。尤其是铿铿敲在屋瓦上,那古老的音乐,属于中国,王禹偁在黄冈,破如椽的大竹为屋瓦。据说住在竹楼上面,急雨声如瀑布,密雪声比碎玉,而无论鼓琴，咏诗，下棋，投壶，共鸣的效果都特别好。这样岂不像住在竹筒里面，任何细脆的声响，怕都会加倍夸大，反而令人耳朵过敏吧。

雨天的屋瓦，浮漾湿湿的流光，灰而温柔，迎光则微明，背光则幽暗，对于视觉，是一种低沉的安慰。至于雨敲在鳞鳞千瓣的瓦上，由远而近，轻轻重重轻轻，夹着一股股的细流沿瓦槽与屋檐潺潺泻下，各种敲击音与滑音密织成网，谁的千指百指在按摩耳轮。"下雨了"，温柔的灰美人来了，她冰冰的纤手在屋顶拂弄着无数的黑键啊灰键，把响午一下子奏成了黄昏。

在古老的大陆上，千屋万户是如此。二十多年前，初来这岛上，日式的瓦屋亦是如此。先是天暗了下来，城市像罩在一块巨幅的毛玻璃里，阴影在户内延长复加深。然后凉凉的水意弥漫在空间，风自每一个角落里旋起，感觉得到，每一个屋顶上呼吸沉重都覆着灰云。雨来了，最轻的敲打乐敲打这城市，苍茫的屋顶，远远近近，一张张敲过去，古老的琴，那细细密密的节奏，单调里自有一种柔婉与亲切，滴滴点点滴滴，似幻似真，若孩时在摇篮里，一曲耳熟的童谣摇摇欲睡，母亲吟哦鼻音与喉音。或是在江南的泽国水乡，一大筐绿油油的桑叶被啮于千百头蚕，细细琐琐屑屑，口器与口器咀咀嚼嚼。雨来了，雨来的时候瓦这么说，一片瓦说千亿片瓦说，说轻轻地奏吧沉沉地弹，徐徐地叩吧挞挞地打，间间歇歇敲一个雨季，即兴演奏从惊蛰到清明，在零落的坟上冷冷奏挽歌，一片瓦吟千亿片瓦吟。

在日式的古屋里听雨，听四月，霏霏不绝的黄梅雨，朝夕不断，旬月绵延，湿黏黏的苔藓从石阶下一直侵到他舌底，心底。到七月，听台风台雨在古屋顶上一夜盲奏，千呎海底的热浪沸沸被狂风挟来，掀翻整个太平洋只为向他的矮屋檐重重压下，整个海在他的蜗壳上哗哗泻过。不然便是雷雨夜，白烟一般的纱帐里听羯鼓一通又一通，滔天的暴雨滂滂沛沛扑来，强劲的电琵琶忐忐忑忑忐忐忑忑，弹动屋瓦的惊悸腾腾欲掀起。不然便是斜斜的西北雨斜斜，刷在窗玻璃上，鞭在墙上打在阔大的芭蕉叶上，一阵寒濑泻过，秋意便弥漫日式的庭院了。

　　在日式的古屋里听雨，春雨绵绵听到秋雨潇潇，从少年听到中年，听听那冷雨。雨是一种单调而耐听的音乐是室内乐是室外乐，户内听听，户外听听，冷冷，那音乐。雨是一种回忆的音乐，听听那冷雨，回忆江南的雨下得满地是江湖下在桥上和船上，也下在四川在秧田和蛙塘下肥了嘉陵江下湿布谷咕咕的啼声。雨是潮潮润润的音乐下在渴望的唇上舐舐那冷雨。

　　因为雨是最最原始的敲打乐从记忆彼端敲起。瓦是最最低沉的乐器灰蒙蒙的温柔覆盖着听雨的人，瓦是音乐的雨伞撑起。但不久公寓的时代来临，台北你怎么一下子长高了，瓦的音乐竟成了绝响。千片万片的瓦翩翩。美丽的灰蝴蝶纷纷飞走，飞入历史的记忆。现在雨下下来下在水泥的屋顶和墙上，没有音韵的雨季。树也砍光了，那月桂，那枫树，柳树和擎天的巨椰，雨来的时候不再有丛叶嘈嘈切切，闪动湿湿的绿光迎接。鸟声减了啾啾，蛙声沉了阁阁，秋天的虫吟也减了唧唧。七十年代的台北不需要这些，一个乐队接一个乐队便遣散尽了。要听鸡叫，只有去诗经的韵里寻找。现在只剩下一张黑白片，黑白的默片。

　　正如马车的时代去后，三轮车的时代也去了。曾经在雨夜，三轮车的油布篷挂起，送她回家的途中，篷里的世界小得多可爱，而且躲在警察的辖区以外。雨衣的口袋越大越好，盛得下他的一只手里握一只纤纤的手。台湾的雨季这么长，该有人发明一种宽宽的双人雨衣，一人分穿一只袖子，此外的部分就不必分得太苛。而无论工业如何发达，一时似乎还废不了雨伞。只要雨不倾盆，风不横吹，撑一把伞在雨中仍不失古典的韵味。任雨点敲在黑布伞或是透明的塑胶伞上，将骨柄一旋，雨珠向四方喷溅，伞缘便旋成了一圈飞檐。跟女友共一把雨伞，该是一种美丽的合作吧。最好是初恋，有点兴奋，更有点不好意思，若即若离之间，雨不妨下大一点。真正初恋，恐怕是兴奋得不需要伞的，手牵手在雨中狂奔而去，把年轻的长发和肌肤交给漫天的淋淋漓漓，然后向对方的唇上颊上尝凉凉甜甜的雨水。不过那要非常年轻且激情，同时，也只能发生在法国的新潮片里吧。

　　大多数的雨伞想不会为约会张开。上班下班，上学放学，菜市来回的途中，现实的伞，灰色的星期三。握着雨伞，他听那冷雨打在伞上。索性更冷一些就好了，他想。索性把湿湿的灰雨冻成干干爽爽的白雨，六角形的结晶体在无风的空中回回旋旋地降下来，等须眉和肩头白尽时，伸手一拂就落了。二十五年，没有受故乡白雨的祝福，或许发上下一点白霜是一种变相的自我补偿吧。一位英雄，经得起多少次雨季？他的额头是水成岩削成还是火成岩？他的心底究竟有多厚的苔藓？厦门街的雨巷走了二十年与记忆等长，一座无瓦的公寓在巷底等他，一盏灯在楼上的雨窗子里，等他回去，向晚餐后的沉思冥想去整理青苔深深的记忆。前尘隔海。古屋不再。听听那冷雨。

一九七四年春分之夜
（选自《大美为美》）

脚 印

王鼎钧

作者介绍

王鼎钧,当代著名作家、学者。

著有抒情散文《情人眼》《碎琉璃》《活到老,真好》《海水天涯中国人》《山里山外》;小品《开放的人生》《人生试金石》等。

乡愁是美学,不是经济学。思乡不需要奖赏,也用不着和别人竞赛。我的乡愁是浪漫而略近颓废的,带着像感冒一样的温柔。

你该还记得那个传说,人死了,他的鬼魂要把生前留下的脚印一个一个都捡起来。为了做这件事,他的鬼魂要把生平经过的路再走一遍。车中船中,桥上路上,街头巷尾,脚印永远不灭。纵然桥已坍了,船已沉了,路已翻修铺上柏油,河岸已变成水坝,一旦鬼魂重到,他的脚印自会一个一个浮上来。

想想看，有朝一日，我们要在密密的树林里，在黄叶底下，拾起自己的脚印，如同当年捡拾坚果。花市灯如昼，长街万头攒动，我们去分开密密的人腿捡起脚印，一如当年拾起挤掉的鞋子。想想那个湖！有一天，我们得砸破镜面，撕裂天光云影，到水底去收拾脚印，一如当年采集鹅卵石。在那个供人歌舞跳跃的广场上，你的脚印并不完整，大半只有脚尖或只有脚跟。在你家门外窗外后院的墙外，你的灯影所及你家梧桐的阴影所及，我的脚印是一层铺上一层，春夏秋冬千层万层，一旦全部涌出，恐怕高过你家的房顶。

有时候，我一想起这个传说就激动，有时候，我也一想起这个传说就怀疑。我固然不必担心我的一肩一背能负载多少脚印，一如无须追问一根针尖上能站多少天使，可是这个传说跟别的传说怎样调和呢？末日大限将到的时候，牛头马面不是拿着令牌和锁链在旁等候出窍的灵魂吗？以后是审判，是刑罚，他哪有时间去捡脚印；以后是喝孟婆汤，是投胎转世，他哪有能力去捡脚印。鬼魂怎能如此潇洒、如此淡泊、如此个人主义？好，古圣先贤创设神话，今圣后贤修正神话，我们只有拆开那个森严的故事结构，容纳新的传奇。

我想，捡脚印的情节恐怕很复杂，超出众所周知。像我，如果可能，我要连你的脚印一并收拾妥当。如果捡脚印只是一个人最末一次余兴，或有许多人自动放弃，如果事属必要，或将出现一种行业，一家代捡脚印的公司。至于我，我要捡回来的不只是脚印。那些歌，在我们唱歌的地方，四处有抛掷的音符，歌声冻在原处，等我去吹一口气，再响起来。那些泪，在我流过泪的地方，热泪化为铁浆，倒流入腔，凝成铁心钢肠，旧地重临，钢铁还原成浆还原成泪，老泪如陈年旧酿。人散落，泪散落，歌声散落，脚印散落，我一一仔细收拾，如同向夜光杯中仔细斟满葡萄美酒。

也许，重要的事情应该在生前办理，死后太无凭，太渺茫无期。也许捡脚印的故事只是提醒游子在垂暮之年作一次回顾式的旅行，镜花水月，回首都有真在。若把平生行程再走一遍，这旅程的终站，当然就是故乡。

人老了，能再年轻一次吗？似乎不能，所有的方士都试验过，失败了。但是我想有个秘方可以再试，就是这名为捡脚印的旅行。这种旅行和当年逆向，可以在程序上倒过来实施，所以年光也仿佛倒流。以我而论，我若站在江头江尾想当年名士过江成鲫，我觉得我二十岁。我若坐在水穷处、云起时看虹，看上帝在秦岭为中国人立的约，看虹怎样照着皇宫的颜色给山化妆，我十五岁。如果我赤足站在当初看蚂蚁打架看鸡上树的地方让泥地由脚心到头顶感动我，我只有六岁。

当然，这只是感觉，并非事实。事实在海关关员的眼中，在护照上。事实是访旧半为鬼，笑问客从何处来。但是人有时追求感觉，忘记事实，感觉误我，衣带渐宽终不悔。我感觉我是一个字，被批判家删掉，被修辞学家又放回去。我觉得紧身马甲扯成碎片，舒服，也冷。我觉得香肠切到最后一刀，希望是一盘好菜。我有脚印留下吗，我怎么觉得少年十五二十时腾云驾雾，从未脚踏实地？古人说，读书要有被一棒打昏的感觉，我觉得"还乡"也是，四十年万籁无声，忽然满耳都是还乡，还乡，还乡——你还记得吗？乡间父老讲故事，说是两个旅行的住在旅店里，认识了，闲谈中互相夸耀自己的家乡有高楼。一个说，我们家乡有座楼，楼顶上有个麻雀窝，窝里有几个麻雀蛋。有一天，不知怎么，窝破了，这些蛋在半空中孵化，幼雀破壳而出，还没等落到地上，新生的麻雀就翅膀硬了、可以飞了。所以那些麻雀一个也没摔死，都贴地飞行，然后一飞冲天。你想那座高楼有多高？愿你还记得这个故事。你已经遗忘了太多的东西。忘了故事，忘了歌，忘了许多人名地名。怎么可能呢，那些故事，那些歌，那些人名地名，应该与我们的灵魂同在，与我们的人格同在。你究竟是怎样使用你的记忆呢？

……那旅客说：你想我家乡的楼有多高？另一个旅客笑一笑，不温不火，我们家乡也有一座高楼，有一次，有个小女孩从楼顶上掉下来了，到了地面上，她已长成一个老太太。我们这座楼比你们那一座，怎么样？

当年悠然神往，一心想奔过去看那样高的楼，千山万水不辞远。现在呢，我想高楼不在远方，它就是故乡，我一旦回到故乡，会恍然觉得当年从楼顶跳下来，落地变成了老翁。真快，真简单，真干净！种种成长的痛苦，萎缩的痛苦，种种期许种种幻灭，生命中那些长跑长考长歌长年煎熬长夜痛哭，根本没有时间也没有机会发生，"昨日今我一瞬间"，间不容庸人自扰。这岂不是大解脱，大轻松，这是大割大舍大离大弃，也是大结束大开始。我想躺在地上打个滚儿恐怕也不能够，空气会把我浮起来。

（选自《一方阳光》）

昨天的足迹

唐德刚

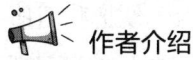作者介绍

唐德刚,美籍华人学者、历史学家、传记文学家、红学家。

代表作有《李宗仁回忆录》《胡适口述自传》《顾维钧回忆录》等。

刘绍唐先生来信,要我"再把'尘埃'打扫打扫。"在他的鼓励之下,我又把我自己凌乱的小货栈里的破书箱、旧日记翻了翻;果然又找出一些50年代遗留下来的中文剪报。

在灯下我把这一页页,触手便碎的小纸条,集起来,一一重读一遍;它们对我真是"似曾相识"。再多看一两遍,这些"似曾相识"的小纸片,竟然也引导出一些"似曾相识"的故人,和"似曾有过"的往事。

这时窗外正呼呼地刮着风。水粒儿打在玻璃窗上,发出簌簌

沙沙的响声。我扭灭了台灯，顿见窗外一片洁白——雪已积得寸把深了。

索性开了门，走向街边。风吹着头发乱飘；雪珠儿迎面扑来，脸上被打得疼兮兮的。马路上的雪被风吹得直是打滚，银白色的沙粒，向四处躲藏。我看着这些小东西忙碌的样子，再摸摸头发上、面颊上黏着的一粒粒小砂子，我想这分明是哪位仁兄仁姐，在天上"撒盐"！哪是什么"柳絮因风起"呢？

想起了，不由得我对一千多年来，围炉作赏雪诗的诗人们，抱怨一番。他们为铸造一个善于"咏絮"的女诗人，便把我们那位"作诗如作文"，老老实实，写"撒盐"诗的男诗人谢朗，糟蹋了一千多年，不能平反。

这时又使我连带想起了幼年时所读的"千家诗"，什么"有梅无雪不精神，有雪无诗俗了人"。"雪"和"诗"又导引我翻出了50年代初期的一段日记：

那是个和今天一样的夜晚。窗外的积雪在几个小时之内，便堆得一尺多厚。这时收音机里也发出了市长的紧急通告——"纽约市瘫痪了！"就在这个接近午夜的时分，我忽然接到一位青年美国同学的电话。他约我到赫贞江畔的河边大道上去"走走"。

这原是一条车水马龙、日夜不分的通衢大道——也是胡适之他们当年"匹克匿克""唱个蝴蝶儿上天"的地方。可是此时此刻，一部开行的汽车都没有了。剩下的只是一片一望无边，像棉絮一般的白雪。

偶尔我们也发现三两位美国青年男女，手里玩着雪，发出一阵阵青年人所特有的，无忧无虑的欢笑声。其外便是一片的光明和沉寂。

电杆子上的街灯，这时特别明亮。它照得树枝之下，白雪之上，疏影横斜。两头不见边的赫贞江，远近一片迷蒙。华盛顿大桥上的千盏明灯，在雪花的背后，时隐时现。

我们循着河边大道缓缓地走着。雪不断地落在头上、肩上、围巾上，延至眉毛上和鼻子上。背后的雪被我们踩出一个个足印；但是很快的，它们就被新的雪填补了。

好一个雪夜！
"纽约市瘫痪了！"
就由她瘫痪去吧。

倚靠在一段被雪埋起了的石栏边，同学回忆起，他幼小的时候——也是一个大雪的深夜——妈妈曾念给他一首与雪有关的催眠曲；也可说是一首赏雪诗罢。

那首"诗"似乎是这样的：

My dear little sweetheart;
Here lies in front of you
A field of untreaded snow;
Be careful of each step,
Because every step will show.

用粗浅的英语我也译出我们中国的一首赏雪打油诗。我念的是：

江山一笼统,
井上黑窟窿;
黄狗身上白,
白狗身上肿。

互相"打油"之后,我们不禁扶肩大笑。后来我们又做了些雪球,投向远处的目标。我们也比赛,看谁抛得远。抛赢了,抛输了,都会引起一阵阵的欢笑。

在远处的人们——那些高楼上的失眠客——听起来,该也是一阵阵,青年人欢乐的笑声罢。

夜深归来之后,我把同学妈妈那首催眠曲,也译成汉文,写在日记上:

我亲爱底小心肝:
现在躺在你面前的,
是,一片
　　人家没有践踏过底——
白雪。
你踩上去,
　　要小心点呀!
因为你每踩一步,
　　就要显出一个——
印烙!

这些记在小纸条上、小纸本中,人生旅程上的小事、往事,在那位林语堂先生笔下，在充满着"不可得已之情"的大诗人苏东坡看来，便一条条都是什么"雪泥鸿爪"了。

可是在我们这个工商业社会里，谋生不暇、忙忙碌碌的俗人看来，这些小纸片，不过只是"空山新雨后，天气晚来秋"，我们在公园里偶尔发现的几个昨天的足迹而已。我就从这堆小纸条中，选出了几张比较有"50年代气息"的，拼在一起，就叫它们作"昨天的足迹"罢。

一九七九年岁暮于北美洲
（选自《五十年代底尘埃》）

江上歌声

[英] 毛 姆 著 李传声 译

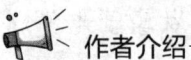 **作者介绍**

威廉·萨默塞特·毛姆,英国著名小说家、剧作家、散文家。

代表作有《人性枷锁》《卡塔丽娜》等。

沿江两岸回荡着船夫的号子声。桡夫划着收扎起帆樯的高尾舢板,顺流而下;你听,他们喊着嘹亮雄浑的号子。纤夫背着纤绳,逆流而进,五六人拖着小舟,两百人曳着扬帆舢板,越过激流险滩;你听,他们喊着船夫号子,那是更加气喘吁吁的歌唱。船中央,一人站立,不停地擂鼓督阵;纤夫们弓腰曲背,着了魔似的曳着纤绳;极力挣扎,有时就在地上爬行。他们奋力紧拉纤绳,同激流的无情力量抗争。工头在一旁察巡,谁不拼死卖命,那一头破开的竹鞭,便会抽打他赤裸的脊背。人人都是竭尽全力,要不就会前功尽弃。他们喊着激越、高亢的号子——激流曲。语言怎能描述歌声里蕴蓄着多少辛劳。这歌声啊，足以显示那极度劳损的心灵，那紧绷欲绽的筋肉，以及那人类征服自然力量的顽强精神。纤绳可能断裂，舢板纵然旋回，而湍流险滩终将被战胜。劳累的一天结束时，饱餐一顿，或吞云吐雾，或陶醉在悠闲自在的美梦中。然而，最痛楚的歌唱却是码头工扛着沉沉大包，沿着陡峭石阶，走向城垣时哼出的歌声。他们上上下下，走个不停；"嘿哟，啊嗨"，那节奏分明的喊声，就像他们的辛劳一样，永无休止。他们光脚赤膊，汗流浃背。他们的歌声是痛苦的呻吟，是绝望的叹息，是凄惨的悲鸣：简直不是人的声音。它是无限忧伤的心灵的呐喊，只不过带上了点旋律和谐的乐音，而那收尾的音调才是人的最后一声抽泣。生活太艰难，生活太残忍，歌唱是绝望的最后抗议。这就是江上歌声。

（选自1984年《译林》第2期）

湖光水色

[美]梭罗 著 高健 译

作者介绍

梭罗，美国著名作家、哲学家。

代表作有《瓦尔登湖》《远足》等。

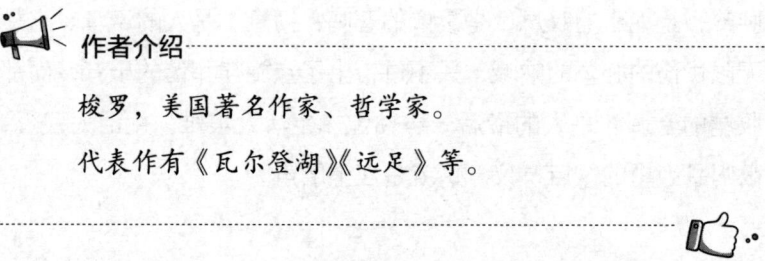

以景物论，瓦尔登似仍嫌一般，虽说风光秀丽，但却远远不够宏伟；尤其对于不常来此或不曾卜居湖滨的人，未必能留下深刻印象；然而这里的湖水却是如此深邃而纯净，故也颇值一记。这一泓湖水澄澈碧绿，湖身长半里，周围近两英里，面积61.5英亩；湖居一松栎林中，为一长流泉所潴成，无明显出入口，故水量的盈虚多系于当地的云雨与蒸发。沿湖多山，其势若自水面陡起，故于三四分之一英里之地面，山丘已高拔至40至80余英尺，至于东与东南面，甚至高达百英尺与百五十英尺不等。而那里概为林地。我们康谷一带河湖的水色至少不下两种：一为远观之色，一为近视（尤其是身旁近处）之色。前者似更多取决于光线的明暗，每每因天气的不同而不同。天气晴和的夏日，稍远处的水即呈蓝色，尤其当水面激荡的时候；如观望的距离稍远，则一例为蔚蓝，并无区别。遇风雨晦暝的天气，水面则略呈青灰色。据说海的颜色更加变幻无定，往往一日为蓝，另一日则又为绿，尽管周围的天色并无明显变化。我注意过这里的河水，当雪满山原的时候，不论冰和水都青翠得如绿草一般。有人以为蓝色乃是"纯净的水的颜色，不论是固体液体"。但是如果我们从船边近处俯视，这些水却又呈现出多种多样的色泽。瓦尔登湖就是一时一个样子，一会儿是蓝，一会儿又成了绿，即使观看的角度不变。居处于下界与穹苍之间，天光山色都不免要映入湖中。登山俯视，湖面即呈高空的天青色；但自近处观之，近岸泥沙可见处的水面却微近橙黄，渐至湖上，复为嫩绿，如此依次转浓，迨至湖心深处，则又浑然一色暗碧。然而在某种明暗之下，即使山顶处所见的近岸一带，也可能是色泽光艳，溅溅新绿。有人认为，这乃是林峦翠微的一种反照，但可怪的是，铁路的沙基之侧也是同一颜色，另外初春树叶未密之前也是这样，故我以为这可能是天空的缥青与岸沙的橙黄互映交融所致。这里的鸢尾即是这类绿色。另外还有一些地方，入春以后，湖上的冰为来自湖底的日照的热量乃至沿岸的地气所暖，开始渐渐融化，于是在湖中尚未解冻处竟出现一道涓涓细流，而那细流也呈这种色泽。与此地的一切水流相同，每当有风而晴朗的天气，因而波面最能以一定角度反映天空的色泽时（或者因为波面能充分摄取各种光线），这时自离湖稍远处观之，水面所呈现的一派湛蓝甚至会较天空本身的颜色更深一层；而这时，由于身在湖上，而且为了研究反光，不能不天空水面两头瞅着，这时我确曾在那里窥见了一种难

湖光水色

以名状的浅蓝——水中灯下变幻不定的绢丝或刀锋剑端上的青霜或者近之——较之天空还要缥青，这样整个波面也到处是一边淡蓝，一边深青，交相辉映，蔚成奇景，但是相比之下，后者几乎近于混浊。实际上，那淡蓝乃是一种透着微绿的琉璃翠；回忆起来，只有一次冬日黄昏在林际上空处偶然见过。但是把这水盛入杯中，面光而视，却正如一杯空气那样，完全没有任何颜色。我们都知道，一只较大的玻璃盘往往即呈现浅绿，而其原因据玻璃匠人说则在它的"个头"，如体积稍小，便又不见颜色。至于瓦尔登湖的水要多到什么程度才出这种光泽，我却不曾作过试验。此地的河湖如从上直视时，一般常作黑色或深蓝色，而且与多数湖泊相同，往往给在其中洗浴者的身上带来一种淡黄光泽；但由于瓦尔登的湖水竟像水晶般澄澈，因而在这里洗浴者的身上往往呈现出一种雪花石膏似的苍白，再加上浸泡在水中时人的身体不免有点膨胀与变形，看起来极不自然，不过那效果之微妙奇特，恐怕唯有米开朗琪罗之辈的绘画大师才能追摹得来。

（选自《美国散文精选》）

美景,总在半梦半醒之间

迟子建

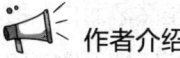作者介绍

迟子建,作家。

代表作有《树下》《雾月牛栏》《晨钟响彻黄昏》《越过云层的晴朗》等。

太阳是不大懂得养生的,只要它出来,永远圆圆的脸,没心没肺地笑。它笑得适度时,花儿开得繁盛,庄稼长势喜人,人们是不厌弃它的;有的时候它热情过分了,弄得天下大旱,农人们就会嫌它不体恤人,加它身上几声骂。看来过于光明了,也不好。月亮呢,它修行有道,该圆满时圆满,该亏的时候则亏。它的圆满,总是由大亏小亏换来的。所以亏并不一定是坏事,它往往是在为灿烂时刻而养精蓄锐。

在故乡的夜晚,一本书,一杯自制的五味子果汁,就会给我带来踏实的睡眠。可是到了月圆的日子,情况就大不一样了。穿

窗而过的月光,会拿出主子的做派,进了屋后,招呼也不打,赤条条地仰面躺在我身旁空下来的那个位置。它躺得并不安分,跳动着,闪烁着,一会儿伸出手抚抚我的睫毛,将几缕月光送入我的眼底;一会儿又揉揉我的鼻子,将月华的芳菲再送进来。被月光这样撩拨着,我只能睡睡醒醒了。

月光和月光是不一样的。春天的月光,似乎也带着股绿意,有一种说不出的嫩;夏日的月光呢,饱满、丰腴,好像你抓上一把,它就能在指尖凝结成膏脂;秋天的月光,一派洗尽铅华的气质,安详恬淡,如古琴的琴音,悠远、清寂;冬天的月光虽然薄而白,但它落到雪地后,情形就不一样了,雪地上的月光新鲜明媚得像刚印刷出来的年画。所以冬日赏月,要立在窗前。看着月光照在雪地上发出的奇异光芒,你会想,原来雪和月光是这世上最好的神仙眷侣啊。相比较,冬春之交的月光,就没什么特别的动人之处了。雪将化未化,草将出未出,此时的月光,也给人犹疑之感,瑟瑟缩缩的。

四月十日,是满月的日子,又是周末,故乡的亲人们聚在一起,做了几道风味独特的菜,大家快活地喝酒聊天。晚饭后,我回到自己的住处时,月亮已经升起来了。微醺的缘故,未及赏月,我就熄灯睡了。大约凌晨三点来钟的样子吧,我被渴醒了。床畔的小书桌上,通常放着一杯白开水。室内似明非明,我起身取水杯的时候,发现杯壁上晃动着迎春枝条般的鹅黄光影。心想月光大约太喜欢玻璃杯了,在它身上作起了画。喝过那杯被月光点化过的水,无比畅快。回床的一瞬,我有意无意地望了一下窗外,立时被眼前的情景震住了:天哪,月亮怎么掉到树丛中了?我见过的明月,不是东升时蓬勃跳跃在山顶上的,就是夜半时高高吊在中天的,我还从没见过栖息在林中的月亮。那团月亮也许因为走了一夜，被磨蚀得不那么明亮了，看上去毛茸茸的，更像一盏挂在树梢的灯。那些还未发芽的树，原本一派萧瑟之气，可是掖在林间的月亮，把它们映照得流光溢彩，好像树木一夜之间回春了。

看过了这样的月亮，我再回到床上时，又怎能不被美给惊着呢！虽然我接着睡了，可是往往眯上二三十分钟，又惦记着什么似的，醒来了。只要睁开眼，蒙眬中会望一眼窗外——啊，月亮还在林间，只不过更低了些。再睡，再醒来，再望，也不知循环往复了多少次，月亮终于沉在林地上，由灯的形态，变幻成篝火了。这是那一夜的月亮，留给我的最后印象。

第二天彻底醒过来时，天已大亮。窗外的山，哪还有满月时的美景。消尽了白雪而又没有返青的树，看上去是那么的单调。虽然寻不见月亮的踪迹，但我知道它因为昨晚那一场热烈的燃烧，留下了缺口，不知去哪儿疗伤去了。因为它燃烧得太忘我了，动了元气，所以不管怎么调理，此后的半个月，它将一点点地亏下去。待它枯槁成弯弯的月牙儿，才会真正复苏，把亏的地方，再一点点地盈满。它圆满后，不会因为一次次地亏过，就不燃烧了。因为月亮懂得，没有燃烧，就不会有灰烬；而灰烬，是生命必不可少的养料。

我怎么能想到，在印象中最不好的赏月时节，却看见了上天把月亮抛在凡尘的情景。在那个时刻，月亮无疑成了千家万户共同拥有的一盏灯。假使我彻头彻尾醒着，这样的风景即使入了眼，也不会摄人心魄。正因为我所看到的一切在黎明与黑夜之间，在半梦半醒之间，月亮才美得夺目。

（选自 2009 年 5 月 19 日《羊城晚报》）

海上的月亮

苏 青

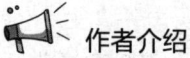作者介绍

苏青,小说家、散文家、剧作家。

著有《结婚十年》《浣锦集》等。

茫无边际的黑海,轻漾着一轮大月亮。我的哥哥站在海面上,背着双手,态度温文而潇洒。周围静悄悄地,一些声音也没有;溶溶的月色弥漫着整个的人心,整个的世界。

忽然间,他笑了,笑着向我招手。天空中起了阵微风,冷冷地,飘飘然,我飞到了他的身旁。于是整个的宇宙变动起来:下面是波涛汹涌,一条浪飞上来,一条浪滚下去,有规律地,飞滚着无数条的浪;上面的天空似乎也凑热闹,东面一个月亮,西面一个月亮,三五个月亮争着在云堆中露出脸来了。

"我要那个大月亮,哥哥!"我心中忽然起了追求光明的念头,热情地喊。一面拉起哥哥的手,想同他一齐飞上天去捉,但

发觉哥哥的指是阴凉的。"怎么啦,哥哥?"我诧异地问。回过头去,则见他的脸色也阴沉沉地。

"没有什么,"他幽幽回答,眼睛望着云天远处另一钩淡黄月,说道:"那个有意思,钩也似的淡黄月。"

于是我茫然了,一钩淡黄月,故乡屋顶上常见的淡黄月哪!我的母亲常对它垂泪,年轻美丽的弃妇,夜夜哭泣,终于变成疯婆子了。我的心只会往下沉,往下沉,身子也不由的沉下去了,摔开哥哥的阴凉的手,只觉得整个宇宙在晃动,天空月光凌乱,海面波涛翻滚。

"哎唷!"我恐怖地喊了一声,惊醒过来,海上的月亮消失了,剩下来的只有一身冷汗,还有痛,痛在右腹角上,自己正患着盲肠炎,天哪!

生病不是好事,病中做噩梦,尤其有些那个。因此平日虽不讲究迷信,今夜也不免要来详梦一番了。心想,哥哥死去已多年,梦中与我携手同飞,难道我也要逝亡了吗?至于捉月亮,……

月亮似乎是代表光明的,见了大光明东西便想去捉住,这是人类一般的梦想。但是梦想总是梦想而已,世上究竟有没有所谓真的光明,尚在不可知之间,因此当你存心要去捉,或是开始去捉时,心里已自怀疑起来,总于茫然无所适从,身心往下沉,往下沉,堕入茫茫大海而后已。即使真有勇往直前的人飞上去把月亮真个捉住了,那又有什么好处?人还是要老,要病,要痛苦烦恼,要做噜哩噜苏事情的,以至于死,那捞什子月亮于他究竟有什么用处呢?

说得具体一些,就说我自己了吧。在幼小的时候,牺牲许多游戏的光阴,拼命读书,写字,做体操,据说是为了将来的幸福,那是一种光明的理想。后来长大了,嫁了人,养了孩子,规规矩矩的做妻子,做母亲,天天压抑着罗曼蒂克的幻想,把青春消逝在无聊岁月中,据说那是为了道德,为了名誉,也是一种光明的理想。后来看看光是靠道德与名誉没有用了,人家不爱你,虐待你,遗弃你,吃饭成了问题,于是想到了独立奋斗。但是要独立先要有自由,要有自由先要摆脱婚姻的束缚,要摆脱婚姻的束缚先要舍弃亲生的子女——亲生的子女呀!那时所谓光明的理想,已经像一钩淡黄月了,淡黄月就淡黄月吧,终于我的事业开始了:写文章,编杂志,天天奔波,写信,到处向人拉稿,向人献殷勤。人家到了吃晚饭时光了,我空着肚子跑排字房;及至拿了校样稿赶回家中,饭已冰冷,菜也差不多给佣人吃光了,但是饥不择食,一面狼吞虎咽,一面校清样,在廿五烛光的电灯下,我一直校到午夜。米内掺杂着大量的砂粒、尘垢,我终于囫囵吞了下去,终于入了盲肠,盲肠溃烂了。

  我清楚地记着发病的一天,是中午,在一处宴会席上,主人殷勤地劝着酒,我喝了,先是一口一口,继而一杯一杯的吞下。我只觉得腹部绞痛,但是说出来似乎不礼貌,也有些欠雅,只得死屏着一声不响。主人举杯了,我也举杯,先是人家央我多喝些,我推却,后来连推却的力气也没有了,腹中痛得紧,心想还是喝些酒下去透透热吧。于是酒一杯杯吞下去,汗却一阵阵渗出来了,主人又是怪体贴的,吩咐开电扇。一个发寒热,患着剧烈腹痛的人在电扇高速度的旋转下坐着吃,喝,谈笑应酬,究竟是怎样味儿我委实形容不出来,我只记得自己坐不到三五分钟就继续不下去,跑到窗口瞧大出丧了。但是大出丧的灵柩还没抬过,我已经痛倒在沙发上。

"她醉了！"我似乎听见有人在说。接着我又听见主人替我雇了车，在途中我清醒过来，便叫车夫向××医院开去。

医生说是吃坏了东西，得服泻剂。

服了泻药，我躺在床上，到了夜里，便痛得满床乱滚起来。于是我哭着喊，喊了又哭。我喊妈妈，在健康的时候我忘记了她，到了苦难中想起来就只有她了。但是妈妈没有回答，她是在故乡家中，瞧着一钩淡黄月流泪哪！我感到伤心与恐怖，喃喃对天起誓，以后再不遗忘她，再不没良心遗忘她了。

腹痛是一阵阵的，痛得紧的时候，肚子像要破裂了，我只拼命抓自己的发。但在松下来痛苦减轻的时候，却又觉得伤心，自己是孤零零的，叫天不应，喊地无灵，这间屋子里再也找不出一个亲人。我为什么离开了我的母亲？她是这样老迈了，神经衰弱，行动不便，在一个愚蠢无知的仆妇照料下生活着。我又为什么离开我的孩子？他们都是弱小可怜，孤苦无告地给他们的继母欺凌着，虐待着。

想到这里，我似乎瞧见几张愁苦的小脸，在海的尽头晃动着齐喊："妈妈！"他们的声音是微弱的，给海风吹散了，我听不清楚。我也瞧见在朦胧的月光下，一个白发伛偻的老妇在举目四瞩的找我，但是找不到。

"妈妈！"我高声哭喊了起来，痛在我的腹中，更痛的在我心上："妈妈呀！"

一个年轻的姑娘站在床前了，是妹妹，一张慌张的脸。"肚子痛呀，妈妈！"我更加大哭起来，撒娇似的。

她也抽抽噎噎地哭了，口中连声喊"哎哟！"显得是没有主意。我想：这可糟了，一个刚到上海来的女孩子，半夜里是叫不来车子，送不来病人上医院的，急坏了她，还是治不了我的腹痛哪！于是自己拭了泪，反而连连安慰她道："别哭哪，我不痛，此刻不痛了。"

"你骗我，"她抽噎得肩膀上下耸："怎么办呢？妈妈呀。"

"快别哭，我真的不痛。"

"你骗我。"

"真的一些也不痛。"

"怎么办呢？"她更加抽噎不停，我恼了，说：

"你再哭，我就要痛。——快出去！"

她出去了，站在房门口。我只捧住肚子，把身体缩做一团，牙齿紧咬。

我觉得一个作家，一个勇敢的女性，一个未来的最伟大的人物，现在快要完了。痛苦地，孤独地，躺在床上，做那个海上的月亮的梦。海上的月亮是捉不到的，即使捉到了也没有用，结果还是一场失望。我知道一切光明的理想都是骗子，它骗去了我的青春，骗去了我的生命，如今我就是后悔也嫌迟了。

在海的尽头，在一钩淡黄月下的母亲与我的孩子们呀，只要我能够再活着见你们一面，便永沉海底也愿意，便粉身碎骨也愿意的呀！

盲肠炎，可怕的盲肠炎，我痛得又晕了过去。

（选自《浣锦集》）

苏州漫步

陆文夫

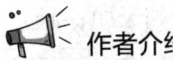
作者介绍

陆文夫,作家。

著有《献身》《小贩世家》《围墙》《清高》《美食家》《小说门外谈》等。

我喜爱苏州,特别喜爱它那恬静的小巷。这倒不是因为"故宫闲地少,水巷小桥多",而是因为在小巷中往往最容易看到生活的巨变,城市的新生,由此而产生一种自豪和喜悦。

苏州的小巷是饶有风味的。它整洁幽深,曲折多变。巷中都用弹石铺路,春天没有灰沙,夏日阵雨刚过,便能穿布鞋而不湿脚。巷子的两边都是高高的院墙,墙上爬满了常春藤,紫藤;间或有缀满花朵的树枝从墙上探出头来。在庭院的深处,这里、那里传出织机的响声,那沙沙沙沙的是织绸缎;那吱呀喊嚓的是织绰绒。我见过苏州的绸缎和绰绒,像蓝天上嵌着彩云,像朝阳、像晚霞、像薄暮升起的轻烟。你怎么也不会想到，这些举世闻名的丝织品，是在万户杂住的小巷里诞生的。

　　小巷子里，大门常开。在敞开的大门里，常常可以看到母女两人伏在一张绷架上，在安静地绣花。她们把一根极细的丝线劈成八根，用几百种针法绣出花鸟、虫鱼、人物、山水。绣出齐白石的活虾；绣出徐悲鸿的奔马，泼墨、水印，神态都能准确无误地表现出来。

　　16年前我也曾见过"苏绣"，见过苏州的"绣女"。冬夜沉寂的小巷里，常见她们傍着微弱的灯光，从深夜绣到天明，赶到顾绣庄去换钱，然后排到米店门口，任人用粉笔在肩上编起号码，轧一点平价米。

　　今天，我们不仅能在小巷中，在北京的人民大会堂看到"苏绣"；在国际的展览会上，还能看苏州姑娘在那里表演刺绣。伦敦的居民曾经要求看一看刺绣姑娘的手，看看她的手上有什么秘密，为什么绣出的花儿能迷惑住蝴蝶！谁知道唯一的秘密就是这双手的勤劳，就是我们的社会对勤劳双手的尊重。

　　新中国成立前，在苏州一座残破的古庙里，住着一个白发垢面、患着严重眼疾的乞妇，她就是有名的"绣女"沈静芬。她把青春全献给了"苏绣"，她会几百种巧妙的针法，她年轻时为闺阁千金描绣了无数的游龙飞凤，替顾绣庄赚来了大批利润。到头来却落得个破庙容身，乞求度日。"苏绣"的技术跟着她被人践踏，像破庙一样在风雨中凋零！

　　如今，在一座小巧的园林里、在花径上、在曲桥旁，人们又见到了刺绣工场的顾问沈静芬。她的头发还是斑白的，可是眼疾消失了，面色红润了，精神抖擞了，她正指导着一群活泼年轻的姑娘，种花、绘画、刺绣，把传统的技艺推向新的高峰：寄语伦敦的居民，苏州姑娘手上的秘密，可以到这里寻找。

秋天，全城弥漫着桂花的香气。嗅着花香信步向前，便会被引入一座座古老的园林。园林像天女撒下的鲜花，分布在苏州的大街小巷，有记载的就有一百多个，至于那些凿一池，架一山，中筑一二小亭者就不可数计。《吴风录》记载："虽闾阎下户亦饰小山盆鸟以玩"，这说明苏州园林的普遍，在这样普遍的基础上，历代的巧匠名师留下了大批精湛的杰作。

在所有的园林当中，我最爱"留园"。它像所有的艺术杰作一样，带着深深的含蓄。入口处一条朴实的走廊，普通的庭院。慢慢地，面前出现了一排漏窗，透过窗上的各种图案向北望，园林中部的池台亭榭便隐约可见。等到穿过"涵碧山房"，站在近水的凉台上时，只见一派假山迎面而起，山石犬牙交错，"可亭"的六角高耸在山石的上面，高高低低的三道小桥横卧在山涧上。远望迂回曲折，仿佛深不见底。到这里，便感到人在画中，但又不见画的全貌。

登上爬山的游廊，走进"闻木樨香轩"，园中部的景物便全都呈现在眼前。东面是楼阁参差，古木奇石掩映着亭台水榭，南面是廊台，花墙，小巧的"明瑟楼"凌驾于一切建筑之上，楼前是满池清水，倒映着南面的全部景色，造成了园外园的奇景。池塘当中，有一个小岛，叫"小蓬莱"，这里的桥、亭都和水面相平，登上"小蓬莱"好像站在湖心水底，而觉得四面皆山。过了"小蓬莱"到达"曲溪楼"的底层时，中部的景物都已一览无余，可以告一段落了。但是,"曲溪楼"旁还有许多砖框、漏窗,它像取景框一样,把园中的景色浓缩起来,使人处处凌虚,移步换影。抬头西望,深秋时,鲜红的枫叶漫铺在高下起伏的云墙上,叫人留恋不已,回味无穷。

新中国成立前的"留园"竟成了国民党军队的马厩。树木砍伐,楼阁倒塌,到处是残垣败壁、碎石乱砖。今天的"留园"处处金碧辉煌,富丽万千。回头看"留园"的外面,只见虎丘道上,运河的两旁,到处耸立着高大的烟囱。新中国成立后兴建起来的工厂,在日夜吐着浓烟,把安详的蓝天抹上浓重的笔墨。那里机器在轰鸣,金属在碰撞,生活在沸腾。从全城各处的小巷里,古老的花园里,日夜有经过充分休息的人,一路谈笑着走向那沸腾的地方。

(选自 1961 年 10 月 28 日《中国青年报》)

葡萄美酒夜光杯

冯骥才

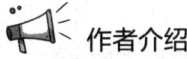

作者介绍

冯骥才,当代作家、民间文艺家。

代表作有《雕花烟斗》《高女人和她的矮丈夫》《神鞭》《三寸金莲》《珍珠鸟》等。

一千二百年前,葡萄刚刚传入中国时,它鲜亮如珠的果实及其甘甜的美酒,曾使唐人欣喜若狂。一时女人们梳妆用的铜镜上,也出现了美丽的"海兽葡萄"图案;而王瀚《凉州词》中那千古名句"葡萄美酒夜光杯",更是对葡萄酒的激情赞美。

在卡伦堡山脚下,维也纳森林边缘,一条弯曲幽静的小路两边,一家家小酒店,看似山间别墅,门前却挂着式样古老的酒店招牌。倘若这些酒店门首悬挂起青翠的松枝,当年的新酒就拿出来卖了。这便是奥地利人人喜爱的"当年酒家"。

新果新酿,鲜美芬芳,很像西湖的龙井村,新茶新采,沏了便喝，带着茶田里的清香。家家酒店各有酿造绝招，味道又是千差万别。

这之中，最著名的要数"哥灵精酒店"。相传它曾是一座修道院，但已无迹可寻。因为哥灵精酒店本身已有三百年历史了。它气息十分古老，格局又很有趣。

进门小小的院落，布置成一个微型的古代造酒业博物馆。一间地下室展出一架历经数百年的榨酒机和各种造酒器具，院内摆着的大橡木酒桶，都是那些过往不复的岁月的遗物；几个大橱窗陈列着上千种开酒瓶的"起子"，样子千奇百怪，显示了不同时代的风韵，颇令人玩味。这一来，便把人们带入悠远深厚的酒文化中去。

穿过食品间，后院是个依山开辟的葡萄园。饮酒的桌椅就设在园中，酿酒用的葡萄也是在这园中摘采的。四周串串绿珠，化为杯中琼汁，这感觉美妙之极。酒都是大杯斟满的，可以干喝，也可以买些炸鸡烤肉、煎肠腌蒜，边吃边喝，地道的农家风味。只要开口饮，便有琴手到身边来演奏。这些琴手曾经都是著名乐团的乐师，年岁大了，到酒店来拉琴。别以为他们仅仅赚钱糊口。你给他们钱，他们顺手把钱折成小方块，很优雅地别在琴柄上端。他们只想把音乐融入你饮酒的乐趣里，维也纳称这种音乐为"施拉梅林音乐"。这个音乐之国退休乐师的演奏水平，绝不亚于一般国家大乐团中的领衔高手。他们说，到这儿来拉琴，主要是为了享受。他们这样说，是不是因为这家酒店曾是施特劳斯经常光顾的地方？施特劳斯坐过哪个座位？留下哪些轶事？无人能说。但这位圆舞曲之王写过一支优美动听的歌，居然叫作《在哥灵精如同在家一样》。哥灵精究竟什么样呢？

黄昏后，你穿过重重叠叠的树影，踏着铺石板小径，进入这家老店。在后院的葡萄架下，寻一个好座位。长条的木板桌椅都漆成淡绿色，带着此地农舍由来已久的风格。挂在葡萄藤上的旧式风灯，将密密实实的巴掌似的葡萄叶照得深深浅浅，饶有画意。你刚坐定，殷勤的酒家便送上一杯当日新酿的葡萄酒；这芬芳、透亮，似有魔法的液体尚未使你入醉，琴手在身边拉出的美妙的华尔兹旋律就叫你心醉了。在《两颗心的四分之三》《最后盛开的玫瑰》《维也纳的春天》那些撩动人心的乐曲声中，酒杯在你激动的手中一晃，杯中酒液宝石般晶莹闪光，这不正是"葡萄美酒夜光杯"那瑰丽光华的诗意么？

一九八八年春天，我和一群朋友去奥地利的葡萄谷参观多瑙河航船博物馆。出来便被一个热情的大胖子拦住，拉进他的院子，打开酒窖沉重的门，一股清冷之气混同醉人的酒香扑面而来。他请我们钻进这石头砌成的酒窖，里面全是橙色大木酒桶，形状酷似这红皮肤的胖子，摞得很高，他笨拙却熟练地爬上去，用一根长而弯的玻璃吸管插入酒桶，立即吸上酒来。他先饮一杯，大喊："好酒！全奥地利最好的酒！"然后给我们每人一大杯。酒色清亮，喝入身体觉得浑身都清亮了；醇美的酒香弄得满口芬芳。尽管我们都不擅喝酒，也止不住再要上一大杯。胖胖的主人兴奋起来，站在酒桶上放声歌唱。我们也情不自禁，一同合唱。奥地利人把歌曲和音乐当作最好的酒菜。愈喝愈唱，愈唱愈喝，直到脸颊发烫，脑袋热烘烘，分不清是酒醉还是心情高涨。这时，同来的一位奥地利朋友悄悄对我们说：如果你们把酒杯偷偷掖进口袋，这胖子会更高兴。这是奥地利人的习惯。

我们这样做了，胖主人果然兴高采烈，赠给我们一人一瓶他窖藏的自制葡萄酒，一直把我们送上路。走了好远，他还远远站在那里，举杯、喝酒、唱歌，为我们祝福……

（选自《维也纳情感》）

曲阜孔庙

梁思成

 作者介绍

梁思成,建筑学家、建筑教育家。

著有《所知道的唐代佛寺与宫殿》《清式营造则例》《中国建筑史》等。

也许在人类历史中,从来没有一个知识分子像中国的孔丘(公元前551至479年)那样,长时期地受到一个朝代接着一个朝代的封建统治阶级的尊崇。他认为"一只鸟能够挑选一棵树,而树不能挑选过往的鸟",所以周游列国,想找一位能重用他的封建主来实现他的政治理想,但始终不得志。事实上,"树"能挑选鸟;却没有一棵"树"肯要这只姓孔名丘的"鸟"。他有时在旅途中绝了粮,有时狼狈到"累累若丧家之狗";最后只得叹气说,"吾道不行矣!"但是为了"自见于后世",他晚年坐下来写了一部《春秋》。也许他自己也没想到,他"自见于后世"的愿望达到了。正如汉朝的大史学家司马迁所说:"春秋之义行,则天下乱臣贼子惧焉"。所以从汉朝起,历代的统治者就一朝胜过一朝地利用这"圣人之道"来麻痹人民,统治人民。尽管孔子生前是一个不得志的"布衣",死后他的思想却统治了中国两千年。他的"社会地位"也逐步上升,到了唐朝就已被称为"大成至圣文宣王";连他的后代子孙也靠了他的"余荫",在汉朝就被封为"褒成侯",后代又升一级做"衍圣公"。两千年世袭的贵族,也算是历史上仅有的现象了。这一切也都在孔庙建筑中反映出来。

今天全中国每一个过去的省城、府城、县城都必然还有一座规模宏大、红墙黄瓦的孔庙,而其中最大的一座,就在孔子的家乡——山东省曲阜,规模比首都北京的孔庙还大得多。在庙的东边,还有一座由大小几十个院子组成的"衍圣公府"。曲阜城北还有一片占地几百庙、树木葱幽、丛林茂密的孔家墓地——孔林。孔子以及他的七十几代嫡长子孙都埋葬在这里。

现在的孔庙是由孔子的小小的旧宅"发展"出来的。他死后,他的学生就把他的遗物——衣、冠、琴、车、书——保存在他的故居,作为"庙"。汉高祖刘邦就曾经在过曲阜时杀了一条牛祭祀孔子。西汉末年,孔子的后代受封为"褒成侯",还领到封地来奉祀孔子。到东汉末桓帝时(公元153年),第一次由国家为孔子建了庙。随着朝代岁月的递移,到了宋朝,孔庙就已发展成三百多间房的巨型庙宇。历代以来,孔庙曾经多次受到兵灾或雷火的破坏,但是统治者总是把它恢复重建起来,而且规模越来越大。到了明朝中叶(十六世纪初),孔庙在一次兵灾中毁了之后,统治者不但重建了庙堂,而且为了保护孔庙,干脆废弃了原在庙东的县城，而围绕着孔庙另建新城——"移县就庙"。在这个曲阜县城里，孔庙正门紧挨在县城南门里，庙的后墙就是县城北部，由南到北几乎把县城分割成为互相隔绝的东西两半。这就是今天的曲阜。孔庙的规模基本上是那时重建后留下来的。

自从萧何给汉高祖营建壮丽的未央宫，"以重天子之威"以后，统治阶级就学会了用建筑物来做政治工具。因为"夫子之道"是可以利用来维护封建制度的最有用的思想武器，所以每一个新的皇朝在建国之初，都必然隆重祭孔，大修庙堂，以阐"文治"；在朝代衰末的时候，也常常重修孔庙，企图宣扬"圣教"，扶危救亡。1935年，国民党政府就是企图这样做的最后一个，当然，蒋介石的"尊孔"，并不能阻止中国人民的解放运动；当时的重修计划，也只是一纸空文而已。

由于封建统治阶级对于孔子的重视，连孔子的子孙也沾了光，除了庙东那座院落重重、花园幽深的"衍圣公府"外，解放前，在县境内还有大量的"祀田"，历代的"衍圣公"，也就成了一代一代的恶霸地主。曲阜县知县也必须是孔氏族人，而且必须由"衍圣公"推荐，"朝廷"才能任命。

除了孔庙的"发展"过程是一部很有意思的"历史纪录"外，现存的建筑物也可以看作中国近八百年来的"建筑标本陈列馆"。这个"陈列馆"一共占地将近十公顷，前后共有八"进"庭院，殿、堂、廊、庑，共六百二十余间，其中最古的是金朝（1195年）的一座碑亭，以后元、明、清、民国各朝代的建筑都有。

孔庙的八"进"庭院中，前面（即南面）三"进"庭院都是柏树林，每一进都有墙垣环绕，正中是穿过柏树林和重重的牌坊、门道的甬道。第三进以北才开始布置建筑物。这一部分用四个角楼标志出来,略似北京紫禁城,但具体而微。在中线上的是主要建筑组群,由奎文阁、大成门、大成殿、寝殿、圣迹殿和大成殿两侧的东庑和西庑组成。大成殿一组也用四个角楼标志着,略似北京故宫前三殿一组的意思。在中线组群两侧,东面是承圣殿、诗礼堂一组,西面是金丝堂、启圣殿一组。大成门之南,左右有碑亭十余座。此处还有些次要的组群。

奎文阁是一座两层楼的大阁,是孔庙的藏书楼,明朝弘治十七年(1504年)所建。在它南面的中线上的几道门也大多是同年所建。大成殿一组,除杏坛和圣迹殿是明代建筑外,全是清雍正年间(1724至1730年)建造的。

今天到曲阜去参观孔庙的人,若由南面正门进去,在穿过了苍翠的古柏林和一系列的门堂之后,首先引起他兴趣的大概会是奎文阁前的同文门。这座门不大,也不开在什么围墙上,而是单独地立在奎文阁前面。它引人注意的不是它的石柱和四百五十多年的高龄,而是门内保存的许多汉魏碑石。其中如史晨、孔宙、张猛龙等碑,是老一辈临过碑帖练习书法的人所熟悉的。现在,人民政府又把散弃在附近地区的一些汉画像石集中到这里。原来在庙西璺相圃(校阅射御的地方)的两个汉刻石人像也移到庙园内,立在一座新建的亭子里。今天的孔庙已经具备了一个小型汉代雕刻陈列馆的条件了。

奎文阁虽说是藏书楼,但过去是否真正藏过书,很成疑问。它是大成殿主要组群前面"序曲"的高峰,高大仅次于大成殿;下层四周回廊全部用石柱,是一座很雄伟的建筑物。

大成殿正中供奉孔子像,两侧配祀颜回、曾参、孟轲……

"十二哲"等。它是一座双层瓦檐的大殿，建立在双层白石台基上，是孔庙最主要的建筑物，重建于清初雍正年间雷火焚毁之后，1730年落成。这座殿最引人注意的是它前廊的十根精雕蟠龙石柱。每根柱上雕出"双龙戏珠"，"降龙"由上蟠下来，头向上；"升龙"由下蟠上去，头向下。中间雕出宝珠；还有云焰环绕衬托。柱脚刻出石山，下面由莲瓣柱础承托。这些蟠龙不是一般的浮雕，而是附在柱身上的圆雕。它在阳光闪烁下栩栩如生，是建筑与雕刻相辅相成的杰出的范例。大成门正中一对柱也用了同样的手法。殿两侧和后面的柱子是八角形石柱，也有精美的浅浮雕。相传大成殿原来的位置在现在殿前杏坛所在的地方，是1018年宋真宗时移建的。现存台基的"御路"雕刻是明代的遗物。

杏坛位置在大成殿前庭院正中，是一座亭子，相传是孔子讲学的地方。现存的建筑也是明弘治十七年所建。显然是清雍正年间经雷火灾后幸存下来的。大成殿后的寝殿是孔子夫人的殿。再后面的圣迹殿，明末万历年间（1592年）创建，现存的仍是原物，中有孔子周游列国的画石一百二十幅，其中有些出于名家手笔。

大成门前的十几座碑亭是金元以来各时代的遗物；其中最古的已有七百七十多年的历史。孔庙现存的大量碑石中，比较特殊的是元朝的蒙汉文对照的碑和一块明初洪武年间的语体文碑，都是语文史中可贵的资料。

1959年，人民政府对这个辉煌的建筑组群进行修葺。这次重修，本质上不同于历史上的任何一次重修：过去是为了维护和挽救反动政权，而今天则是我们对于历史人物和对于具有历史艺术价值的文物给予应得的评定和保护。七月间，我来到了阔别二十四年的孔庙，看到工程已经顺利开始，工人的劳动热情都很高。特别引人注意的，是彩画工人中有些年轻的姑娘，高高地在檐下做油饰彩画工作，这是坚决主张重男轻女的孔丘所梦想不到的。

过去的"衍圣公府"已经成为人民的文物保管委员会办公的地方，科学研究人员正在整理、研究"府"中存下的历代档案，不久即可开放。

更令人兴奋的是，我上次来时，曲阜是一个颓垣败壁、秽垢不堪的落后县城，街上看到的，全是衣着褴褛、愁容满面的饥寒交迫的人。今天的曲阜，不但市容十分整洁，连人也变了，往来于街头巷尾的不论是胸佩校徽、迈着矫健步伐的学生，或是连唱带笑、蹦蹦跳跳的红领巾以及徐步安详的老人，……都穿的干净齐整。城外农村里，也是一片繁荣景象，男的都穿着洁白的衬衫，青年妇女都穿着印花布的衣服，在麦粒堆积如山的晒场上愉快地劳动。

（选自《梁思成全集》(第五卷)）

秋天我在泸沽湖

于 坚

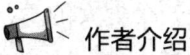作者介绍

于坚,作家、诗人。

代表作有《飞行》《诗六十首》《对一只乌鸦的命名》等。

现在是在高山上走,尘土已沉在下界,空气中透着蓝的寒气。路上挡着一排排荒草,很窄的路,刚刚够四只车轮小心翼翼地爬过。向下一看,头便发晕,仿佛站在二十层摩天大楼的边边。峡谷底部是原始森林,像是一溜草地,金黄红紫的树叶,被秋日的阳光涂过,有一种印象派油画的韵味。一两只鹰,紧贴着谷底森林的树梢,平稳地飞行,像是从高山上放下去的黑纸风筝。有几个人,盯牢了司机,抓死车上的扶手,一生一死,须臾之间,全凭司机一双手把握了。他却坦然,和一个熟人,讲着闲话。极壮美的风景,极险恶的地势,人忘了呼吸,忘了思想,进入一阵永恒,不生不死,似死似生。

冷不防就看见了泸沽湖。心头一怖，冷气直钻后心。以为在生命中永远不会看见的东西，忽然就到了眼前。幽蓝的湖，在一样幽蓝的天空下，如高原群山忽然睁开的一只眼，闪着阴郁的光。湖边的山峰、阴森神秘，仿佛暗藏着一片杀机。我张开口，真想一声惨叫，喷一口鲜血。却停着，山风灌满了喉咙。这是一片生命之湖啊！世界再也没有归宿，没有天边外，一切都已冷酷地呈现。

我走下山冈，穿过叮咚乱响的树林，走到湖边。湖不大，只是一个水库的样子。湖水极蓝，看不见底，像是一个处女的梦，叫你不敢用手去碰它。靠岸的水中，长着长发一般的植物，在水下开着白花，闪出珍珠般的光。阔大的叶子，像圣女的衣襟，飘飘忽忽。有鱼，瘦长的鱼和肥短的鱼，在其间走来走去。这是安徒生童话中的世界，我看不见它的深处。

湖中有岛，极美丽的岛。岛上多蛇，据说有人在岛上睡觉，给蛇压死了。倏地，一只水鸟腾空而起，白的；又一只，也是白的。一前一后，一高一低，在山的黑影中闪闪烁烁，宛如星子。见不到摩梭人，大树刨成的独木舟，三五横斜于水边。登舟弃岸，舟却不前，在水中打转，一阵慌乱，几乎翻进湖底。终于摸着门道，朝着湖心去了。心中却越来越虚，那水深得叫人害怕，蓝得叫人害怕，静得叫人害怕。仿佛有一只手，正悄悄地从湖底伸出。不敢再看湖水、拨转船头，拼命向岸，仿佛有东西追来。到得岸边，再看那湖，极静。

湖岸的高山，狮身人面，有一二巨洞，嵌在山眉。据摩梭人说，那是干木山，女神的化身。仰头视之，觉凶险已极，隐隐地，似乎听见虎啸，从暮霭中传来。赶紧回了住处。晴夜中，那湖银白一片，仍是如一只眼，望着黑的天宇，叫人想哭。

摩梭人的村庄，全是用优良的圆木搭成，呈深黄色，颇似阿尔卑斯山中的欧式木屋。进去，一院坝的烂泥。数头大猪，卧在当中。一头猛犬，昂头劲吼。被一女子的声音喝住了，抬头一看，见那女子，握一把木叉，站在屋顶，正翻晒包谷。低眼望我笑笑，指指里屋。屋里已摸出一位老妇人，穿着一身粗糙而干净的黑布衣裙，闪身让我进去。跨过膝盖高的门槛，眼睛陷入一片纯黑，仿佛被蒙了黑布。在洞式的屋里摸行了一阵，眼睛才适应了。只见一个火塘，正嘶嘶燃着，一只大锅，冒着热气。坐下，老妇人就递过几只烧煳的马铃薯，我胡乱啃起来。好半天，又进来几个女子，有中年妇人，有少女，有小姑娘，都坐了啃马铃薯，始终不见男子进来。都不说话，只是添火，加水，有人到暗处去一会，又回来。我置身其间，好像被她们视而不见，置身局外；又好像视我为一家，没有客套，不特别地搭理我。暗光中，那老妇人坐在位首，一动也不动。我依稀看出她树皮一样粗糙的脸上，竟没有鼻梁，只露出两个惨不忍睹的鼻孔。我知道这是过多结交"阿注"的结果（"阿注"：此处指摩梭人男访女家的走访式婚姻，在婚姻关系中，不受一夫一妻限制）。我想，她年轻时，一定很美丽吧。借着突然跳起来的火光，我看出她表情中没有半点痛苦，倒是有一种骄傲和自信，一种人类之母才有的骄傲和自信。我觉得不可思议，正像这屋子一样不可思议。这屋子也许有百年以上的历史了吧，它从来没有见过阳光，从来是这么黑。即使在火光中，也是黑乎乎的。坐着的人，是黑乎乎的一团，挂在梁上、墙上的物件，也是黑乎乎的一串一串。但这屋子却安全、温暖，它顽强地活着，在人祸天灾，在高原可怕的风暴中，默默地活着。

在干木山的石壁上，有一个洞。摩梭人每年都在这儿举行宗教祭祀活动。洞里的一石一木都是圣物，不许任何人带走。据说有壮实的摩梭小伙子，想探到洞底，可是爬进去三天三夜也未探到。我好奇地向摩梭人探问这个洞，我发现他们都支支吾吾，语焉不详。仿佛有什么奥秘要瞒住我。有一天，我遇见永宁喇嘛寺的一位僧侣，他穿着紫红的僧袍，在山坡上看守着一群羊。我们谈得很高兴。老僧到过拉萨，是见过大世面的人。但我问起干木山的洞时，他却沉默了，眼睛里闪出两点深不可测的寒光，如泸沽湖的水。我怅然离去，那老僧坐在山坡上，像一块石头。

我知道，我永远无法洞悉那个秘密。那是他们民族的"乌默他"。每一个民族，都有它自己的意大利黑手党式的"乌默他"。也许这种"乌默他"，比黑手党的"乌默他"更难打破，它是一种天生的沉默，一种无法言喻的东西。我知道，我即使一辈子在摩梭人中间生活，我仍旧是一个局外人，我永远无法穿透那沉默的硬壳。今天，你可以在泸沽湖边随处遇到提着三洋录音机、听香港歌星哼小调的摩梭青年，你可以见到一夫一妻的摩梭家庭；但如果你以为摩梭人已被外来文明同化，你就错了。古老的灵魂，正借着现代文明的外壳把自己隐藏起来。摩梭人表面也建立了许多新的家庭，但暗中却仍是自由自在，谁和谁想好，就好。每到夜晚，一群一群拿手电筒的小伙子和小姑娘，双双对对散入黑暗的去处。"阿嘿嘿！阿嘿嘿……"的求偶之声，比起女子群居，男子只是过客的、牧歌式的往昔，多了一层尝禁果的滋味。月光很明，干木山真有些像一个正在泸沽湖上沐浴的女神。我们几个汉人，怅然地朝那黑暗的去处望望。回到旅馆，睡觉。

这是在秋天,这是我生命中遇见的最美的秋季。金黄高大的乔木站满山冈,叶子落下,没有声音。生命安静了,欲念却燃烧起来,想有一个女人,和她说说话,或者不说话,充满爱情。但只是一人,在山之外,在湖之外,在天空之外,在山下的摩梭人之外。只是一人,只是这美丽世界的局外人。我感到它的美丽,所以我是在局外,在静观,我永远无法置身其中。我为什么远离故乡、千里跋涉,风尘仆仆来寻这世外桃源?在故乡的城里,我日日想着离开,想着天边外的湖。在这湖边,我仍是置身局外。这真是我的生命之湖吗?这是摩梭人的湖。这是干木山的湖。

(选自 1987 年《滇池》第 1 期)

雅 典

[日] 三岛由纪夫 著　陈德文 译

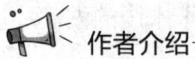
作者介绍

三岛由纪夫，日本小说家、剧作家。

代表作有《金阁寺》《鹿鸣馆》《假面的告白》等。

希腊是我眷恋的地方。

当飞机由伊奥尼亚海到达克林特运河上空的时候，落日映照着希腊的群山，西边天上出现了金光闪烁的甲胄般的夕云。我呼唤着希腊的名字。这名字曾经将出入于红粉阵中不能自拔的拜伦引向战场，孕育了希腊的米赞特洛甫和赫尔德林的诗思，赋予司汤达的小说《阿尔芒斯》中的人物——濒死的奥科塔维以勇气。

透过从机场驶向城里的汽车窗户，我看到了夜间电灯光辉耀下的雅典城堡。

如今，我就在希腊。我陶醉于无上的幸福之中。尽管由于饭店预订迟了，只能下榻于脏污的三流旅馆内；尽管由于通货膨胀，一流商店的食品要花七万朵拉克玛；尽管这座城池或许只是孤独地住着我一个日本人；尽管我不懂一句希腊语，连商店招牌都不认得。

我放任自己的笔自由欢跳。我今日终于看到了雅典城堡！看到了帕提侬！看到了宙斯宫殿！在巴黎处于经济拮据的窘境里，我几乎放弃了希腊之行。那时这些地方经常出现在我的梦境里。鉴于此，这里请允许我让我的笔自由欢跳一些时候吧。

天空绝妙的蓝色对于废墟是必不可少的。如果帕提侬圆柱的空间不是这样的蓝天，而是北欧阴霾的天空，那效果恐怕就会减半。正因为效果显著，这蓝天似乎是专为废墟而配备。这残酷的蓝色的静谧，仿佛预见了被土耳其军队破坏的神殿的命运。这样的想象不是没有理由的。例如你可以看看酒神剧场，索福克勒斯和欧里庇得斯的戏剧经常在这里演出。同样的蓝天默然地守望着这些悲剧的衰亡（Vernichleter Kampf）。

作为废墟，比起雅典城堡来，宙斯宫殿更美。这里只剩下十五根柱子，其中两根孤立地站在一旁。中心部分和这两根柱子的距离约有五十米。这是两根孤立的圆柱。其余十三根支撑着残存的屋顶。这两部分的对比，成为非左右对称的美的极限。我不由想起龙安寺石庭的配置来。

可以毫不夸张地说，我在巴黎看厌了左右对称的东西。不用说建筑物了，即使政治、文学、音乐、戏曲诸方面，法国人所喜爱的节度和方法论的意识性（不知能否这样说）等一切方面，都以左右对称而引以为自豪。其结果，在巴黎，"节度的过剩"沉重地压抑着旅游者的心胸。

法兰西文化"方法"的先师就是希腊。希腊，现在就在我的眼前，在这片残酷的蓝天之下，横卧着废墟的姿影。而且，建筑师的方法和意识被改变了形状，旅游者不必特意想象其原形如何，只管从这里寻找废墟之美好了。

奥林匹亚的非均衡之美，并非出自艺术家的意识。

但是，龙安寺石庭的非均衡，最大限度表达了艺术家的意识。将其称作意识，不如叫执拗的直感更正确。日本的艺术家未曾信赖过方法。他们考虑的美不是普遍意义的，而只是一次性的（einmalig），其结果，在无法动摇这一点上，和西欧的美没有什么不同，但产生这种结果的努力与其说是方法的，不如说是行动的。就是说，执拗的直感的锻炼和难以忍受的试验，这就是一切。单凭各种行动就能捕捉到的美是不可敷衍的，也是不可抽象化的。日本的美抑或是某种更为具体的东西。

这种直感所寻求到的究极的美的姿影，和废墟的美是相似的，这是很奇怪的事。艺术家所怀抱的形象总是关联着创造，同时也关联着毁灭。艺术家不仅从事创造，也从事破坏。这种创造时常产生于对于毁灭的预感之中。当他想描画究极形式中的美时，这种被描画着的美的完整性，往往是与破坏相对的完整，是为了对抗破坏而模仿破坏的完整的完整。于是，创造几乎失去了形体。为什么呢？不死之神创造可死的生物时，以鸟的美丽的歌声和鸟的肉体一起消亡而获得满足，而艺术家创造同样的歌声时，为了保留这歌声直到鸟死亡之后，并不创造可死的鸟的肉体，而一定是创造一种眼不可见的不死鸟。这就是音乐。音乐之美起始于形象的死亡。

希腊人相信美的不死。他们将完整的人体之美雕刻在石头上。日本人是不是相信美的不死，还是个疑问。他们认为具体的美总有一日会像肉体一样消灭，所以总模拟死的空寂的形象。石庭的不均衡之美，似乎暗示着死亡本身的不死。

奥林匹亚废墟之美是怎样类型的美呢？这废墟和断片之所以依然是美的也许在于整体结构源于左右相对称的方法这一点上。断片容易使人窥见失却部分的构图。不论是帕提侬还是艾莱克特姆，当我们想象失却部分的时候，不是根据直感，而是根据推理。这种想象的喜悦，比起所谓空想的诗歌来，更是悟性的陶醉。当看到这一点时我们的感动就是看见普遍的形骸的感动。

而且我们对于可见的一切原型本身的感动，远不如废墟所给予的感动，其理由还不仅仅因为这些。希腊人思考出的美的方法是对生的重新组合，是对自然的重新组合。鲍威尔·维利说："秩序是伟大的反自然的企划。"废墟偶然地将希腊人思考的不死之美从希腊人自身的羁绊中解放出来了。

我们在雅典古城堡的各处地方可以感受到希腊的风吹遍了希腊的群山——东方的琉卡贝托斯山，北方的巴尔奈索斯山，吹遍了眼前的萨罗尼克斯湾及萨拉米斯岛。我们感到仿佛有一双搏击长空的羽翼（这就是希腊的风！吹打着我的面颊，吹打着我的耳朵的风呵）。

这些羽翼生长在废墟失却的部分上。残留的废墟是石头。人们从失却的部分获得了羽翼，人们正是从这里起飞。我们在雅典城堡的蓝天看见逃脱羁绊的生命，获得了众神不死的看不见的肉体在飞翔。大理石里开放着鲜红的罂粟花，野生的麦苗和芒草在风中摇曳。这座水神殿的胜利女神没有羽翼不是偶然的。这座木造的没有羽翼的胜利女神消失了，就是说，她获得了羽翼。

不光是雅典城堡，即使看看宙斯神殿的圆柱，还有那帕塞提

克圆柱的站姿，使我仿佛看到了被解放的普罗米修斯。这里虽不是高台，但废墟的周围是一片绿地，看上去神殿的大理石越发鲜明，生动。

今天我又沉醉于无尽的酩酊之中。我仿佛受到了酒神的诱惑。午前的两小时，我是在酒神剧场的大理石空席上度过的。午后的一小时，我伸展双腿坐在草地上，凝神眺望宙斯神殿的圆柱群。

今日又是绝妙的蓝天，绝妙的风，热烈的光线。……是的，希腊的阳光超越了温和之度，过于裸露，过于火热了。我衷心热爱这阳光和风。我之所以讨厌巴黎，不喜欢印象派，全是因为那里的温和而适度的阳光。

这是亚热带的阳光。现在，雅典城堡的外壁上遍生着仙人掌。眼前，不见一个游人身影的酒神剧场的观众席显得更加崇高，松树、丝杉、仙人掌，以及黄色的禾本科植物，正如观众一般凝然俯视着空白的舞台。

我看到身影掠过半圆舞台的小燕子，那是阿那克里翁歌颂过的燕子。这群燕子翻转着白色的腹部反反复复飞过酒神剧场和音乐剧场的上空。每座小屋今天都休息，它们一边大声鸣叫，一边不停地盘旋。

我在酒神司祭的座席上坐下来，倾听虫鸣。不知是什么原因，从刚才起就有一个十二三岁的希腊少年紧紧跟着我，不肯离去。他想要钱吗？还是想要我吸的英国香烟呢？或者想教给我古希腊少年爱好的习惯。这个，我已经知道了。

希腊人相信外面。这是伟大的思想。基督教发明"精神"之前，人们并不需要什么"精神"，只是矜持地生活着。希腊考虑的内面，总是和外面保持着左右相称。希腊戏剧中，没有一部是表现基督教所主张的那种精神的，可以说，过剩的内面一定会穷尽于接受复仇的教训的反复之中。我们不可将上演希腊戏剧和举办奥林匹克比赛分割开来考虑。在这火炽的阳光下，一想起那种不断地跃动和静止、不断地破坏和保存的运动员筋肉般的泛神论的均衡，就使我感到幸福。

酒神剧场只残存着蹲踞着的酒神雕像和周围作为装饰品的浮雕画。剧场背后，我看到采石场上堆积着石头，四处散乱地放着衣褶的断片、圆柱的断片和裸体的断片，仿佛刚刚经受过一场惨祸。我不断更换着座席，在这里度过了几乎等于一幕悲剧演出所需的时间。司祭席，民众席，不管从哪里一定可以透过假面，清晰听到希腊戏剧的台词，真切看到演员的姿态伴随鲜明的影像在运动。如今，一个手拿照相机的英国海军士官出现在舞台的半圆上，因此，舞台的规模和演员身高的比例很容易加以目测。

为了再度访问奥林匹亚，我由雅典城堡开始在广场的人行道上走了好一阵子。领带翻卷到我的肩膀上，一位交肩而过的老绅士的白发被风吹乱了。

我发现一个观察宙斯宫最好的地方。我坐在十三根柱子和两根柱子之间的草地上，像眺望军队的纵队一样望着十三根柱子。

中央的六根，右边的四根和左边的三根各成一束，准确地将透过神殿可以望见的蓝天分成两部分。中央的六根最具有量感，右边的四根和左边的三根各自以不均衡的稍显不足的量感向中央迫近。中央最前边的圆柱连带着背后五根看上去凛然矗立，气势非凡。

神殿的左右，以希腊城的远景为背景，生长着两三棵丝杉。透过神殿可见的天空由上至下四分之三的位置上，褐色的连山横切过圆柱向远方绵延，占据着剩下部分四分之三的是那绝妙的蓝天。从这一位置看到的神殿，几乎就是一首诗。

在这里呆然眺望一个多小时，我站起身来。这肯定是一个很好的汐潮上涨的时候，正在这时旅游车到了，本来由我一人独占的诗的领域，一批批涌来了吵吵嚷嚷的观光客。

看到他们的身影，我更加感到忧愁。因为没有其他更为方便的办法，明天我也只能成为旅游团中的一员乘汽车去丹佛。

（选自《日本散文百家》）

子虚威尼斯

卢 岚

作者介绍

卢岚,旅法作家。

著有散文集《巴黎读书记》《塞纳书窗》《山盟水约》等。

闻说那水城威尼斯,仅仅20世纪就下沉了九英寸,得赶快去找找它,怕迟了,就花儿般谢了,晨雾般散了。

我的脚丫踩着法国,越墙就可以过去。只是穿着裙子翻墙不雅观,我选择了坐飞机。

的士从机场载客进城,不用汽车用快艇,已先声夺人。威尼斯是海狸共和国,它的子民会筑堤,善于跟海水打交道。

远远的,蓝天下等着我的水城像睡莲,泡在阿得里亚海之滨,娇艳得出奇。海花中它升降摇曳,跳着迪士高,一舞比一舞劲。楼房要塌了;城市要沉了!早有人告诫我,在威尼斯,神经要健全,精神境界也必须提得很高。

楼也罢，水也罢，都半真半假。市内河道纵向横错，海水浸淫所有楼房，一直漫进屋子，楼下便成船坞，里头泊着木船汽艇，条条空船都像谜，诡秘得教人心颤。

楼楼各自成世界，街道没有汽车、地下车，因此不会车声隆隆，也没有喇叭废气。户户一叶扁舟来往，那诗那画，便尽在其中。但一出门就泡湿脚，不如留在家，写写随想录回忆录，或编造一个耸人故事。反正威尼斯运河的水黑如墨，蘸上笔尖便可写；反正威尼斯给人丰富灵感，一些灰暗阴沉的灵感就有托玛斯曼（Thomas Mann）的《威尼斯之死》。他死在威尼斯。

这城真美，美得直教人想死，蝴蝶梦中的死；其位险势危，像比萨斜塔之危危欲坠，比萨之坠能免否？威尼斯的沉落能免否？

有一年水灾，圣马克大教堂广场积水曾达四英尺，外观受破坏，内部壁画毁损无数。大水过后二十二年，才有了个兴建庞大海堤的"摩西计划"。但这计划能一劳永逸么？地球气温不断变热，水位上涨，阿得里亚海逐步上升，神不知鬼不觉慢慢扩大，已衔进海口的威尼斯，是它第一个吞噬对象。

罗马没有陆沉，却又说它是等待世界末日的理想城市。不知为啥，意大利这里那里，总给人不祥印象。

"鸽子地上走，狮子天上飞"，满眼美奂亮丽的彩色大理石，迷宫也似的拱顶圆柱回廊，灵魂深处尽是些平衡对称。在威尼斯死，何不在威尼斯生？

和煦的阳光大伙平分去，热吻留给度蜜月的新人。在威尼斯爱情不会死，一部部文学作品围绕这主题产生。

长路漫漫？不，威尼斯路短，不会越走越远越陡，更不会迷失路，只会找到，除非没有目的。但你会迷路，在迷宫似的横街窄巷中左绕右拐，找不到出口。都说，你不曾在威尼斯迷路，就不足认识威尼斯。

站到 Cipriani 酒店滨海露台上，隔海遥看水城灯光之夜；到礼品店买些容易破碎的彩色玻璃；挤在接踵擦肩的游客中，吃一盘茄汁牛肉 spaghetti（意大利粉），从餐馆出来，上下左右唧唧舐干净嘴唇，那时节，怎么也唤不起骚人墨客那生生死死的郁郁之情。

Cipriani, spaghetti, 蒙娜丽莎作者叫 Da Vinici。Italie 天天收紧喉咙 iii 法文"好看"是 joli，大家公认威尼斯很 joli。好看是因为它快要死。

四月的风暖生生地吹送，运河墨墨闪闪碎碎，船桨下威尼斯游船颠颠晃晃。每逢绕过街角，水手悠悠呼喊，"哎嗳——"，弯角驶来的船曼声应和，"呀啦——"，一呼一答，一支无腔古曲，在两岸大楼残墙上游弋转回。

水手是个粗壮中年汉，脸庞经风见雨棕黑透红，动静间油光闪闪，却不是想象中的憨朴。草帽上系着蓝色布带，洒脱花俏，鼻梁间架着墨镜，你在明他在暗。脖子上飘着黄领巾，指头间，闪着粗阔的彩色金属戒指。

他一路向我们介绍威尼斯景色人物，把当年拿破仑住过的宫殿指给我们看，还把征服者大骂一场，但骂人讲解，均熟练顺溜如诵经文，教我们明白这是个导游老手，嘴巴已跟船桨般机械古板，那迷醉诗意，悄悄地，在天水云间散了许多。

幸好威尼斯还有一位马可波罗。历史注定要为中国出现这么个人物。没有他，六百年前的中国于欧洲人只是一片沙漠；没有他，六百年前的炎黄子孙还被当成吃人生番。

船头迎来了他的故居，好像童话仙屋那样，可童话不会那么颓败，二楼阳台上的圆拱门和大理石柱已黑尘蒙蔽，窗框收缩，木头糜烂得快要掉下来了。楼房已死，立在水中的，是缕缕丝丝的破烂魂魄，一如历史给人的印象。

双桨起落，远近幢幢楼宇连横，动画片般展过，却是人间。只是绝大多数楼房门窗紧闭，墙壁批挡剥落，露出一片片红砖，如带血骨骼。

到底是已过气的繁荣，到底是眼下的荒凉。

据水手说，绝大多数威尼斯人已离城，情愿栖居他乡，把空城留给游客。不堪骚扰？为减轻威尼斯的负荷？或是抛弃将沉的古船？

Gondole到了海面，蓦然回首，威尼斯沐浴在夕阳中，金灿，妖冶，诡幻，像每年一度水上嘉年华会中的假面具女郎，一群群飘浮的魑魅幽灵，不正好是威尼斯的灵魂么？

这名城可观赏而不可长居，可远观而不可亵玩。这城市是诗是画，却会子虚乌有，是阿得里亚海上一条鬼船，它拥有的一切，尽是些谎言，住不进去……

（选自1991年《散文》第2期）

翡翠色的梦

[瑞士] 赵淑侠

作者介绍

赵淑侠，旅欧瑞士籍华人作家。

著有《塞纳河畔》《雪峰云影》《童年·生活·乡愁》《赛金花》等。

我曾经有过一个梦，梦见我走在一片无垠的绿色里，两旁的树林是绿色，枝梢的翠鸟是绿色，脚下的丝绒一般的草地是绿色，前面一弯小溪，正潺潺流着的水也是绿色，头顶清澈的天空，也因受了感染，在淡淡的湛蓝中泛着一抹隐约的绿。

那是一个恬静得、和平得、沁爽得、绿得如翡翠般的梦。在那梦里，我没有一点惧怕，没有一点忧虑，我放心地走着，穿过树林，越过小溪，望着蓝里透绿的天空，漫步于看不到边际的草原。我的心里装满了绿色的希望……梦醒了，我睁开眼睛，纱窗上晃动着绿色的波痕，知了送来意气高昂的啸唱，空气里飘散着夏日的暖

烘烘。世界果然跟梦境一样的娟好，果然有翡翠般的清隽安宁。

那个梦已过去许多年，是属于我还是一个小女孩时候的。那时的我，被父母的爱呵护着，被无忧的岁月娇宠着，在我童稚的眼光里，世界充满着希望的亮丽，在我的心扉中，人间没有仇恨，没有愁苦，没有破碎。梦里、现实里，总是一片谐和剔透的绿，一片如无垠的绿野般的无穷远景。我所知道的人间，染着可爱的翡翠色。

绿，代表着什么？翡翠代表着什么？梦又代表着什么？

人说：绿，象征着希望，翡翠冷艳而坚贞，梦吗？是随着人的肉身来到世界上的一个怪东西，世间亿万人口，很难找到个从来无梦的。不管上智下愚，老幼男女，哪个行道哪条路数上的，每个人都有属于他自己的梦，都有做梦的权力和经验。

人睡着了会做梦，醒着也照样做梦，睡中的梦不能控制，据云多半来自日间所思所见，事实上日有所思亦未见得便夜有所梦，往往想梦个怀念中的人，偏偏是大觉睡了几百场，仍然"魂魄不曾来入梦"。

醒着做梦，常被讥为空想、胡想，或者干脆就叫白日梦。然而并非所有的空想都是白日梦，凡是希望的、企盼的、向往而还未成为事实的，都可说是梦，也可说是期望、是梦想、幻想，甚至是理想。

我常想，如果这个人间没有歌、没有画、没有花、没有鸟、没有山川河流和日月光华，该是多么的阴暗恐怖，如果人没有梦，或有梦而无色彩，只是灰苍苍白茫茫的一片，那该又是多么的贫乏干枯？上天赐给我们这个美丽玄妙的世界，又给我们做梦的能力和权力，使我们知道过了今天还有明天，过了明天还有一个明天，还有另一个明天，再一个明天。为了那些将要来到的、仿佛无穷尽的明天，我们怀着憧憬的情怀绘画着梦。梦带给我们在实际生活中寻不到的空灵虚玄之美，也让我们看到永远有希望在前面招手。梦点缀了人生，也诗化了人生。

我爱人生，我也爱梦，更爱这美丽玄妙的世界，愿这世界上的人都能拥有自己所爱的梦。当然，我知道这是很难的，多少残酷的现实，碾破了人的心，也碾碎了人的梦。当我走出那个种满了好花绿树的院落，进入尘埃滚滚的人寰，年龄随着岁月增长，天地便渐渐地呈现出另一副面貌。我看到刺刀的闪光，看到饥饿和死亡，看到弱肉强食，看到炸弹投下后的血肉横飞，看到被战争蹂躏过的、焦黑的土地里埋藏着血和泪。

于是，我清醒了，我的梦也变色了，她不再是安详宁宜、绿得滴得出水来的翡翠色了，她变成了有厮杀、有仇恨、有死亡、有强权的丑陋的梦。和平与宽容，真纯与洁净已回到洪荒以前的幻觉世界，跟真实离得太遥远。于是，我失去了那个翡翠色的梦。

那个失去的梦是好的，是美的，是我一直怀念的。

我一直为失去那个梦而悲哀，认为这个充满了欲念、凶恶、权势、猜忌，工业污染的地球，已不再供给生存在他怀抱里的人们翡翠色的梦了。

今天的我做的是什么梦？我梦到的是污染了的海水，病坏了的树林，被高楼挤没了的草原，被烟雾弥漫着的天空，被物欲玩弄得疲惫了的人，也梦到战争、流血、自相残杀和迫害异己。我有五颜六色的梦，唯独失去了那个满溢着祥和谐美的翡翠色的梦。

我悲哀着，深深地悲哀着，为失去的梦而悲哀。

有人说：生活在进步，科学发达得日新月异，现代人要追求花团锦簇、缤纷多彩的梦,谁还需要那带着原始颜色的翡翠色的梦?

我则说:世界在进步,科学发达得日新月异,但是人们喜爱自然,崇尚仁慈和平的禀性在减退。聪明的人类正用自己的手在毁灭自己。

有天和友人去瑞士乡间,行经山谷,越过一个深渊上的高桥,举目四望,见不尽的苍翠环绕,起伏的山峦上覆着深深浅浅的绿,渊下流着潺潺清泉,水流过处,淙淙作响。而山风徐来,天地寂寂,人走在其中,不觉浑然忘我,被大自然的美深深震撼,淳淳感化,不知不觉地融于其中,仿佛走在梦境里。

我对那朋友说:"瑞士人是属于少数的,有条件有幸运做做翡翠色的梦的。"

她道:"这是瑞士百余年来没有战争的结果,我们的河山不曾被破坏,我们的人民爱好和平。不过现在不行了。经济战打得凶啊!湖水在闹污染,一些森林被酸雨侵袭,自然生态已在破坏中。战争吗?核子武器打到欧洲任何一个地方,瑞士都不能幸免。我们也没资格做翡翠色的梦了。"

她的话如暮鼓晨钟,大大地震动了我,事情果然是如此的令人绝望吗?我不甘于接受她的悲观,但当我用冷静细微的思维去触碰这忙碌的世界时,竟也说不出何处还有一片净土。人们的笑脸下隐藏着焦虑,野心家正在为征服制造武器,科学像午夜的烟火般在空中放着异彩,留下的是炸药的气味和引人深思的黑暗。自然景物正被无情地破坏,和平的表面下有战争的菌虫在蠕动……

乐观的人说:这一切都不值得去担忧,当旧的毁灭后,新的才能诞生，生生息息，延延续续，兴衰枯荣，正是天演。

悲观的人，感到毁灭的危机正在逼近，已在觅安全的处所存身。令他们苦恼的是：不知何处有真正的安全？

我不完全乐观也不特别悲观，唯不免也像很多当今的知识分子一样，精神上感到深沉的压力，对未来——特别是属于中国人的，担着一份心思，怀着一些期望。

我渴望着重新寻回一个翡翠色的梦，那梦说神奇也神奇，说简单也简单：世界上突然听不到仇恨的字眼了，也看不到炮火的流光了，人们厌弃杀戮了，有权柄的年长者只想灌输子孙们以理性与智慧，而不想愚弄他们了。也没人因贪婪与自私去破坏自然的美好了。工厂和汽车的废气也不污染环境了。因财色犯罪的人越来越少了。一些顽固的脑袋渐渐地变得松活、懂得从错误中吸取经验，并且敢于正视现实，虚心学习了。人与人之间讲究信与诚，不再耍油滑玩手段了……大地也在人性的美善中美丽起来了，花正开草正浓，绿树遍野，没有人知道什么叫酸雨，什么叫炸弹，宽容与和平是空气，充塞在任何最微小的角落里，你想不呼吸它也不行了，无论仰视天空俯视海水，还是漫步街头，视线里总有悦目的翠绿与碧蓝。每个人都可以拥有一个翡翠色的梦，在那里面，没有忧虑，没有惧怕，也不会忽然有人从背后捅来一个冷冰冰的扁钻，跟你要钱……

我在追求一个如我所想的翡翠色的梦，我的一些文章说明了我追求得多么炽烈。谢谢很多朋友们帮助我把"翡翠色的梦"展现在读者的眼前。

（选自《翡翠色的梦》）

意大利的日子

黄永玉

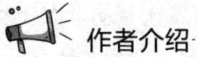作者介绍

黄永玉,著名画家、作家。

著有《永玉六记》《老婆呀,不要哭》《这些忧郁的碎屑》《沿着塞纳河到翡冷翠》《太阳下的风景》《无愁河的浪荡汉子》等。

来翡冷翠快半年了。

租了一套幽静的房子在女儿的邻近。这地方名叫"莱颇"。松林和花树夹着两排面对面的三层住宅,形成和外界隔绝的单独区域。

左边一道长满绿菖蒲和开满金黄小花的阿诺河的支流——古老的木约奈河,据说这条小河是翡冷翠文化的发源地。走十几步来到河边,许多野鸭、鹬、水鸭在这里做窝,间或还能看到母鸭带着一队鸭仔从跟前走过。

老头老太太们对野鸟们是心中有数的，早晚带着饼食来喂养它们，给每一只鸟起名字。一叫，它们便会拢来。

房东是一位九十多岁的老太太，粗壮矮小，声音洪畅。每到月初她便从几十里外的自己住所开车回莱颇，进门就说："我不是来收租的！我不是来收租的！只想来看看你们！"然后把房租钱取走。

她开的是一架老菲亚特，快而狠。警察已对她说过几次，她"不该再开车了！"她摊开双手对我们说："你看！他们不让我开车！为什么？为什么？哈哈哈……"

女儿的房东则是个八十多岁的老头子，翡冷翠报馆的退休工人。他有个当工程师的哥哥也住在这里。都是矮矮的个子。做弟弟的很为当工程师的哥哥自豪，口口声声我哥哥长、我哥哥短。我的房东是这位哥哥当年的女朋友，这套房子是得到哥哥的帮忙才顺利租得到。他们俩一见面老是手捏着手不放，悄声说着没完没了的话。哥哥的太太住在三楼，偷偷观察这个现象。哥哥的太太脾气怪，不跟人说话，不喜欢猫。遇见女儿的猫她就顿脚，吓得猫不敢回家。事情到此为止，也没有坏到哪里去；一年顿这么一两次脚也算不得太大的恶感。

小河对面就是菲埃索里山了。山上有许多古老华贵的房子，年代可追溯到文艺复兴时期之前的古罗马时代。进入莱颇对山迎面的那座大建筑，《十日谈》的作者薄伽丘就在那里住过。

听过一种说法：世界上最好的住家在意大利，意大利最好的住家在翡冷翠，翡冷翠最好的住家在菲埃索里山。山就是薄伽丘住过的房子这一带。

每天早上，人们见面总是互相问安，平时碰头了，认不认识，都道一声好。突然出现的大小困难，都奔跑过来帮忙解急。

市中心区太多的吉卜赛人流窜。偷扒东西，造成游人旅客的惶恐。吉卜赛人有一套战略，通常都派妇女儿童出阵。用一张折叠的报纸，上头写着告求的字样，堵在你胸前，仿佛让你去读一读这些堪怜的内容，其实另一只手却在掏你的钱袋。发现了，他不过只是个儿童或妇女，骂，听不懂，打却不行。他们逃跑得不远，三五十米远就又散起步来。抓不胜抓，也没有发落的地方。一般地说，吉卜赛人不偷本地人，但本地老人们有时也逃不脱这遭厄运。

他们从电影里看到"中国功夫"，遇见中国人不免有些迟疑，要多花一些时间构思行动方针。中国人则互相转告这个讯息，遇见吉卜赛人拢身，不妨装一下"中国功夫"架势，百分之九十能解决困境，如果再配上一点表情，收效几乎是百分之百可靠。

对吉卜赛小偷，他们经常帮忙追捕，抓着了，取回赃物即算完事，各走各路，不打不骂，只稍稍责备几句。吉卜赛人这几年来多了，因为意大利人心地好，尊敬上帝，他们钻这个空子。

街上有许多年轻人，也喜欢美国那些怪里怪气的服饰，也骑着摩托车轰然一声从你跟前开过，但待人接物却是出奇地温和讲理，尤其是尊敬老人。稍不留意，老人就会责备，而年轻人则俯首帖耳，不敢作违拗的反应。

生活被一个古老的优秀文化制约着，应该活跃，越轨不行！

（选自《黄永玉散文》）

论创造

[法] 罗曼·罗兰 著 孙 梁 译

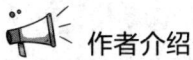作者介绍

    罗曼·罗兰,法国思想家、文学家、批判现实主义作家、音乐评论家和社会活动家。

    代表作有《名人传》《约翰·克利斯朵夫》等。

    生命是一张弓,那弓弦是梦想。箭手在何处呢?

    我见过一些俊美的弓,用坚韧的木料制成,了无节痕,谐和秀逸如神之眉,但仍无用。

    我见过一些行将震颤的弦线,在静寂中战栗着,仿佛从动荡的内脏中抽出的肠线。它们绷紧着,即将奏鸣了……它们将射出银矢——那音符——在空气的湖面上拂起涟漪,可是它们在等待什么?终于松弛了。永远没有人听到乐声了。

    震颤沉寂,箭枝分散;

    箭手何时来捻弓呢?

他很早就来把箭搭在我的梦想上。我几乎记不起何时我曾躲过他。只有神知道我怎样地梦想！我的一生是一个梦。我梦着我的爱、我的行动和我的思想。在晚上，当我无眠时；在白天，当我幻想时，我心灵中的谢海莱莎特就解开了纺纱竿；她在急于讲故事时，把她梦想的线索搅乱了。我的弓跌到了纺纱竿一面。那箭手，我的主人，睡着了。但即使在睡眠中，他也不放松我。我挨近他躺着；我像那把弓，感到他的手放在我光滑的木杆上；那只丰美的手、那些修长而柔软的手指，它们用纤嫩的肌肤抚弄着在黑夜中奏鸣的一根弦线。我使自己的颤动融入他身体的颤动中，我战栗着，等候苏醒的瞬间，那时神圣的箭手就会把我搂入他怀抱里。

所有我们这些有生命的人都在他掌中；灵智与身体，人，兽，元素——水与火——气流与树脂——一切有生之物……

生存何足道！要生活，就必须行动。您在何处，Primns movens？我在向您呼吁，箭手！生命之弓在您脚下阑珊地横着。俯下身来，拣起我吧！把箭搭在我的弓弦上，射吧！

我的箭如飘忽的羽翼，嗖地飞去了；那箭手把手挪回来，搁在肩头，一面注视着向远方消失的飞矢；而渐渐地，已经射过的弓弦也由震颤而归于凝止。

神秘的发泄！谁能解释呢？一切生命的意义就在于此——在于创造的刺激。

万物都在期待着在这刺激的状态中生活着。我常观察我们那些小同胞，那些兽类与植物奇异的睡眠——那些禁锢在茎衣中的树木、做梦的反刍动物、梦游的马、终身懵懵懂懂的生物。而我在它们身上却感到一种不自觉的智慧，其中不无一些悒郁的微光，显出思想快形成了：

"究竟什么时候才行动呢?"

微光隐没。它们又入睡了,疲倦而听天由命……

"还没到时候呐。"

我们必须等待。

我们一直等待着,我们这些人类。时候毕竟到了。

可是对于某些人,创造的使者只站在门口。对于另一些人,他却进去了。他用脚碰碰他们:

"醒来!前进!"

我们一跃而起。咱们走!

我创造,所以我生存。生命的第一个行动是创造的行动。一个新生的男孩刚从母亲子宫里冒出来时,就立刻洒下几滴精液。一切都是种子;身体和心灵均如此。每一种健全的思想是一颗植物种子的包壳,传播着辅送生命的花粉。造物主不是一个劳作了六天而在安息日上休憩的有组织的工人。安息日就是主日,那伟大的创造日。造物主不知道还有什么别的日子。如果他停止创造,即使是一刹那,他也会死去。因为"空虚"会张开两颗等着他……颚骨,吞下吧,别作声!巨大的播种者散布着种子,仿佛流泻的阳光;而每一颗洒下来的渺小种子就像另一个太阳。倾泻吧,未来的收获,无论肉体或精神的!精神或肉体,反正都是同样的生命之源泉。"我的不朽的女儿,刘克屈拉和曼蒂尼亚……"我产生我的思想和行动,作为我身体的果实……永远把血肉赋予文字……这是我的葡萄汁,正如收获葡萄的工人在大桶中用脚踩出的一样。

因此,我一直创造着……

(选自《罗曼·罗兰文钞》)

论读书

[英] 培 根 著 何 新 译

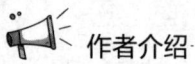 作者介绍

培根,英国哲学家、思想家、作家和科学家。
著有《新工具》《论说文集》《培根人生论》等。

读书可以作为消遣,可以作为装饰,也可以增长才干。

当你孤独寂寞时,阅读可以消遣。当你高谈阔论时,知识可供装饰。当你处世行事时,正确运用知识意味着力量。懂得事物因果的人是幸福的。有实际经验的人虽能够办理个别性的事务,但若要综观整体,运筹全局,却唯有掌握知识方能办到。

读书太慢会弛惰,为装潢而求知是自欺欺人,完全照书本条条办事会变成偏执的书呆子。

读书可以改进人的天性,而实验又可以改进知识本身。人的天性犹如野生的花草,求知学习好比修剪移栽。学问虽能指引方向,但往往流于浅泛,必须依靠经验才能扎下根茎。

狡诈者轻鄙学问，愚鲁者羡慕学问，惟聪明者善于运用学问。知识本身并没有告诉人怎样运用它，运用的方法乃在书本之外。这是一门技艺，不体验就不能学到。读书的目的是为了认识事物原理。不可专为挑剔辩驳去读书，但也不可过于迷信书本。求知的目的不是为了吹嘘炫耀，而应该是为了寻找真理，启迪智慧。

书籍好比食品。有些只需浅尝，有些可以吞咽。只有少数专门知识需要仔细咀嚼，慢慢品味。所以，有的书只要读其中一部分，有的书只需知其中梗概即可，而对于少数好书，则要精读，细读，反复地读。

有的书可以请人代读，然后看他的笔记摘要就行了。但这只限于不太重要的议论和质量粗劣的书。否则一本好书将像已被蒸馏过的水，变得淡而无味了！

读书使人的充实，讨论使人机敏，写作则能使人精确。

因此，如果一个人不愿做笔记，他的记忆力就必须强而可靠。如果一个人只愿孤独探索，他的头脑就必须格外锐利。如果有人不读书又想冒充博学多知，他就必定很狡黠，才能掩饰他的无知。

读史使人明智，读诗使人聪慧，演算使人精密，哲理使人深刻，伦理学使人有修养，逻辑修辞使人善辩。总之，"知识能塑造人的性格"。

不仅如此，精神上的各种缺陷，都可以通过求知来改善——正如身体上的缺陷，可以通过运动来改善一样。例如打球有利于腰肾，射箭可扩胸利肺，散步则有助于消化，骑术使人反应敏捷，等等。同样，一个思维不集中的人，他可以研习数学，因为

数学稍不仔细就会出错。缺乏分析判断力的人，他也可以研习经院哲学，因为这门学问最讲究烦琐辩证。不善于推理的人，可以研习法律学，如此等等。这种种头脑上的缺陷，都可以通过求知来疗治。

（选自《培根人生随笔》）

人生的乐趣

林语堂

作者介绍

林语堂,当代著名学者、文学家、语言学家。

著有《翦拂集》《京华烟云》《孔子的智慧》等。他运用幽默手法创造了基调高亢、语言诙谐、讽喻犀利的"语丝体"散文,而林语堂本人也被称为"幽默大师"。

我们只有知道一个国家人民生活的乐趣,才会真正了解这个国家,正如我们只有知道一个人怎样利用闲暇时光,才会真正了解这个人一样。只有当一个人歇下他手头不得不干的事情,开始做他所喜欢做的事情时,他的个性才会显露出来。只有当社会与公务的压力消失,金钱、名誉和野心的刺激离去,精神可以随心所欲地游荡之时,我们才会看到一个内在的人,看到他真正的自我。生活是艰苦的,政治是肮脏的,商业是卑鄙的,因而,通过一个人的社会生活状况去判断一个人,通常是不公平的。我发现我们有不少政治上的恶棍在其他方面却是十分可爱的人，许许多多无能而又夸夸其谈的大学校长在家里却是绝顶的好人。同理，我认为玩耍时的中国人要比干正经事情时的中国人可爱得多。中国人在政治上是荒谬的，在社会上是幼稚的，但他们在闲暇时却是最聪明最理智的。他们有着如此之多的闲暇和悠闲的乐趣，这有关他们生活的一章，就是为愿意接近他们并与之共同生活的读者而作的。这里，中国人才是真正的自己，并且发挥得最好，因为只有在生活上他们才会显示出自己最佳的性格——亲切、友好与温和。

既然有了足够的闲暇，中国人有什么不能做呢？他们食蟹、品茗、尝泉、唱戏、放风筝、踢毽子、比草的长势、糊纸盒、猜谜、搓麻将、赌博、典当衣物、煨人参、看斗鸡、逗小孩、浇花、种菜、嫁接果树、下棋、沐浴、闲聊、养鸟、午睡、大吃二喝、猜拳、看手相、谈狐狸精、看戏、敲锣打鼓、吹笛、练书法、嚼鸭肫、腌萝卜、捏胡桃、放鹰、喂鸽子、与裁缝吵架、去朝圣、拜访寺庙、登山、看赛舟、斗牛、服春药、抽鸦片、闲荡街头、看飞机、骂日本人、围观白人、感到纳闷儿、批评政治家、念佛、练深呼吸、举行佛教聚会、请教算命先生、捉蟋蟀、嗑瓜子、赌月饼、办灯会、焚净香、吃面条、射文虎、养瓶花、送礼祝寿、互相磕头、生孩子、睡大觉。

这是因为中国人总是那么亲切、和蔼、活泼、愉快，那么富有情趣，又是那么会玩儿。尽管现代中国受过教育的人们总是脾气很坏，悲观厌世，失去了一切价值观念，但大多数人还是保持着亲切、和蔼、活泼、愉快的性格，少数人还保持着自己的情趣和玩耍的技巧。这也是自然的，因为情趣来自传统。人们被教会欣赏美的事物,不是通过书本,而是通过社会实例,通过在富有高尚情趣的社会里的生活,工业时代人们的精神无论如何是丑陋的,而某些中国人的精神——他们把自己的社会传统中一切美好的东西都抛弃掉,而疯狂地去追求西方的东西,可自己又不具备西方的传统,他们的精神更为丑陋。在全上海所有富豪人家的园林住宅中,只有一家是真正的中国式园林,却为一个犹太人所拥有。所有的中国人都醉心于什么网球场、几何状的花床、整齐的栅栏,修剪成圆形或圆锥形的树木,以及按英语字母模样栽培的花草。上海不是中国,但上海却是现代中国往何处去的不祥之兆。它在我们嘴里留下了一股又苦又涩的味道,就像中国人用猪油做的西式奶油糕点那样。它刺激了我们的神经,就像中国的乐队在送葬行列中大奏其"前进,基督的士兵们"一样。传统和趣味需要时间来互相适应。

古代的中国人是有他们自己的情趣的。我们可以从漂亮的古书装帧、精美的信笺、古老的瓷器、伟大的绘画和一切未受现代影响的古玩中看到这些情趣的痕迹。人们在抚玩着漂亮的旧书、欣赏着文人的信笺时,不可能看不到古代的中国人对优雅、和谐和悦目色彩的鉴赏力。仅在二三十年之前,男人尚穿着鸭蛋青的长袍,女人穿紫红色的衣裳,那时的双绉也是真正的双绉,上好的红色印泥尚有市场。而现在整个丝绸工业都在最近宣告倒闭,因为人造丝是如此便宜,如此便于洗涤,三十二元钱一盎司的红色印泥也没有了市场,因为它已被橡皮图章的紫色印油所取代。

古代的亲切和蔼在中国人的小品文中得到了极好的反映。小品文是中国人精神的产品,闲暇生活的乐趣是其永恒的主题。小品文的题材包括品茗的艺术,图章的刻制及其工艺和石质的欣赏，盆花的栽培，还有如何照料兰花，泛舟湖上，攀登名山，拜谒古代美人的坟墓，月下赋诗以及在高山上欣赏暴风雨——其风格总是那么悠闲、亲切而文雅，其诚挚谦逊犹如与密友在炉边交谈，其形散神聚犹如隐士的衣着，其笔锋犀利而笔调柔和，犹如陈年老酒。文章通篇都洋溢着这样一个人的精神：他对宇宙万物和自己都十分满意；他财产不多，情感却不少；他有自己的情趣，富有生活的经验和世俗的智慧，却又非常幼稚；他有满腔激情，而表面上又对外部世界无动于衷；他有一种愤世嫉俗般的满足，一种明智的无为；他热爱简朴而舒适的物质生活。这种温和的精神在《水浒传》的序言里表述得最为明显，这篇序文委托给该书作者，实乃十七世纪一位批评家金圣叹所作。这篇序文在风格和内容上都是中国小品文的最佳典范，读起来像是一篇专论"悠闲安逸"的文章。使人感到惊讶的是，这篇文章竟被用作小说的序言。

在中国，人们对一切艺术的艺术，即生活的艺术，懂得很多。一个较为年轻的文明国家可能会致力于进步；然而一个古老的文明国度，自然在人生的历程上见多识广，她所感兴趣的只是如何过好生活。就中国而言，由于有了中国的人文主义精神，把人当作一切事物的中心，把人类幸福当作一切知识的终结，于是，强调生活的艺术就是更为自然的事情了。但即使没有人文主义，一个古老的文明也一定会有一个不同的价值尺度，只有它才知道什么是"持久的生活乐趣"，这就是那些感官上的东西，比如饮食、房屋、花园、女人和友谊。这就是生活的本质，这就是为什么像巴黎和维也纳这样古老的城市有良好的厨师、上等的酒、漂亮的女人和美妙的音乐。人类的智慧发展到某个阶段之后便感到无路可走了，于是便不愿意再去研究什么问题，而是像奥玛开阳那样沉湎于世俗生活的乐趣之中了。于是，任何一个民族，如果它不知道怎样像中国人那样吃，如何像他们那样享受生活，那么，在我们眼里，这个民族一定是粗野的，不文明的。

在李笠翁（十七世纪）的著作中，有一个重要部分专门研究生活的乐趣，是中国人生活艺术的袖珍指南，从住宅与庭园、屋内装饰、界壁分隔到妇女的梳妆、美容、施粉黛、烹调的艺术和美食的导引，富人穷人寻求乐趣的方法，一年四季消愁解闷的途径，性生活的节制，疾病的防治，最后是从感觉上把药物分成三类："本性酷好之药""其人急需之药"和"一生钟爱之药"。这一章包含了比医科大学的药学课程更多的用药知识。这个享乐主义的戏剧家和伟大的喜剧诗人，写出了自己心中之言。我们在这里举几个例子来说明他对生活艺术的透彻见解，这也是中国精神的本质。

李笠翁在对花草树木及其欣赏艺术作了认真细致而充满人情味的研究之后，对柳树作了如下论述：

柳贵乎垂，不垂则可无柳。柳条贵长，不长则无袅娜之致，徒垂无益也。此树为纳蝉之所，诸鸟亦集。长夏不寂寞，得时闻鼓吹者，是树皆有功，而高柳为最。总之种树非止娱目，兼为悦耳。目有时而不娱，以在卧榻之上也；耳则无时不悦。鸟声之最可爱者，不在人之坐时，而偏在睡时。鸟音宜晓听，人皆知之；而其独宜于晓之故，人则未之察也。鸟之防弋，无时不然。卯辰以后，是人皆起，人起而鸟不自安矣。虑患之念一生，虽欲鸣而不得，欲亦必无好音，此其不宜于昼也。晓则是人未起，即有起者，数亦寥寥，鸟无防患之心，自能毕其能事。且扪舌一夜，技

痒于心，至此皆思调弄，所谓"不鸣则已，一鸣惊人"者是也，此其独宜于晓也。庄子非鱼，能知鱼之乐；笠翁非鸟，能识鸟之情。凡属鸣禽，皆当以予为知己。种树之乐多端，而其不便于雅人者亦有一节：枝叶繁冗，不漏月光。隔婵娟而不使见者，此其无心之过，不足责也。然匪树木无心，人无心耳。使于种植之初，预防及此，留一线之余天，以待月轮出没，则昼夜均受其利矣。

在妇女的服饰问题上，他也有自己明智的见解：

妇人之衣，不贵精而贵洁，不贵丽而贵雅，不贵与家相称，而贵与貌相宜。……今试取鲜衣一袭，令少妇数人先后服之，定有一二中看，一二不中看者，以其面色与衣色有相称、不相称之别，非衣有公私向背于其间也。使贵人之妇之面色不宜文采，而宜缟素，必欲去缟素而就文采，不几与面色为仇乎？……大约面色之最白最嫩，与体态之最轻盈者，斯无往而不宜：色之浅者显其淡，色之深者愈显其淡；衣之精者形其娇，衣之粗者愈形其娇。……然当世有几人哉？稍近中材者，即当相体裁衣，不得混施色相矣。

记予儿时所见，女子之少者，尚银红桃红，稍长者尚月白，未几而银红桃红皆变大红，月白变蓝，再变则大红变紫，蓝变石青。迨鼎革以后，则石青与紫皆罕见，无论少长男妇，皆衣青矣。

李笠翁接下去讨论了黑色的伟大价值。这是他最喜欢的颜色，它是多么适合于各种年龄、各种肤色，在穷人可以久穿而不显其脏，在富人则可在里面穿着美丽的色彩，一旦有风一吹，里面的色彩便可显露出来，留给人们很大的想象余地。

此外，在"睡"这一节里，有一段漂亮的文字论述午睡的艺术：

然而午睡之乐，倍于黄昏，三时皆所不宜，而独宜于长夏。非私之也，长夏之一日，可抵残冬二日，长夏之一夜，不敌残冬之半夜，使止息于夜，而不息于昼，是以一分之逸，敌四分之劳，精力几何，其能此？况暑气铄金，当之未有不倦者。倦极而眠，犹饥之得食，渴之得饮，养生之计，未有善于此者。午餐之后，略逾寸晷，俟所食既消，而后徘徊近榻。又勿有心觅睡，觅睡得睡，其为睡也不甜。必先处于有事，事未毕而忽倦，睡乡之民自来招我。桃源、天台诸妙境，原非有意造之，皆莫知其然而然者，予最爱旧诗中，有"手倦抛书午梦长"一句。手书而眠，意不在睡；抛书而寝，则又意不在书，所谓莫知其然而然也。睡中三昧，惟此得之。

只有当人类了解并实行了李笠翁所描写的那种睡眠的艺术，人类才可以说自己是真正开化的、文明的人类。

（选自《林语堂谈人生》）

致父母

徐志摩

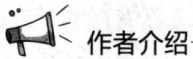 **作者介绍**

徐志摩,现代诗人、散文家。

代表作有《再别康桥》《翡冷翠的一夜》《志摩的诗》等。

我至爱爸妈膝下:

　　自爱亲回硖后,儿因看妈上车时衰弱情状,心中甚为难过,无时不在念中,惟此星期准备上课,往来宁沪,迄未得暇,不曾修禀问候,不知妈到家后精神有见好否?今日在大马路遇见幼仪与朱太太买物,说起爸爸来信言,妈心感不快,常自悲泣,身体亦不见健,儿当时觉得十分难受,明知爱亲常常不乐,半为儿不孝,不能顺从爱亲意念所至。妈身体孱弱至此,儿亦不能稍尽奉养之职,即如今日闻幼仪言后,何尝不想立刻回硖省候,但转念学校功课繁重,又是初初开学,未便请假,因此甚感两难。妈亦是明白人,其实何必不看开些,何必自苦如此。妈想,妈若不乐，爸爸在家当然亦不能自得，儿在外闻知，亦不禁心悬两地，不能尽心教书，即幼仪亦言回家去，只见到忧愁，听到忧愁，实在有些怕去，如此一来，岂非一家人都不得安宁，有何乐趣？其实天下事全在各人如何看法，绝对满意事，是不可能的，做人只能随时譬解，自寻快乐。即如我家情形，不能骨肉时常团聚，自是一憾，但现在时代不同，往时大家庭办法决不可能，既然如此，彼此自然只能退一步想，儿虽不孝，爱亲一样有儿有孙有女，况只要爱亲不嫌，一家仍可时常相处。儿最引以为虑的，是妈妈的身体，我与幼仪一样思想，只求妈能看开些，决心养好身体，只要精神一健，肝阳自然平顺。看事情亦可从好处着想，爸爸本性是爱热闹抱怨，又不容置辩，只能缄默，万分无奈，姑且再写此信去劝妈妈，万事总当从亮处看，一家康宁和顺，已是幸福，理想是做不到的。妈能听儿解劝，则第一要事就该自己当心养息，儿等在外做事，但盼家信来说爱亲身体安健，心怀舒畅，如得消息不安或不快，则儿等立即感受忧愁，不能安心做事矣。此点儿反复申说，纯出至诚，尚望爸爸再以此向妈疏说，同意好好看顾妈心，说说笑笑，碌居如闷，最好仍来上海，能来儿处最佳，否则幼仪处亦好。儿懒惰半年多，忽然忙碌，不免感劳，但亦无可如何也。星一去南京，昨日回来，光华每日有课，下星一仍赴宁。专此敬叩金安。

儿摩叩禀，小曼叩安
九月二十六日
（选自1949年《永安月刊》第2期）

我是主人

陈 染

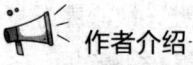
作者介绍

陈染,作家。

代表作有《私人生活》等。

可以说,我是在书房里"玩"大的,尽管我也曾一度沦为书奴。我说玩,并不是指真正的玩,而是指读书时的一种轻松、自由、纯净与快乐的玩的心理与情绪。

我先偷两句古人的理想做我的保驾。中国有个活了两千三百岁的老头儿叫庄周,他曾说过至乐无乐、大智无智这样的话。在我现在的理解里,那就是:文化乃至任何一种事物发展到一种极单纯极轻松的境界才是最为高级的境界。我们常常看到一种哲人,他们把生活里最为简单易懂的事物硬是死去活来地倒腾成深奥莫测似是而非的东西,嘴里冒出的好像也不是人说的话,我不知该称这种人是什么。我所崇敬的是那些懂得化繁为简懂得轻松自如的人。复杂后的简单，动荡后的宁静，悲哀后的快乐是人类成熟的一种标志。任何一个伟大的人物，我相信他（她）临死时所渴望的是自如、轻松与单纯。

我说玩的另一层含意是，我读的书实在不博大也不精奥。我敬重那些抱着目的读一辈子书的读书人。但对于我自己，却一直认为对某些书本的刨根问底究其终果，是不够自由的表现；而只知其然不知所以然，我倒以为是相当聪明颖悟的。因为这个世界并不完全存在因为与所以。

我的整个学生时代，包括已经离开学生生涯的我的现在，一直都是在书的拥围里。然而，在老师逼迫下的读书与自己在家里的读书却在感情上存有天壤之别。

在学校里，老师屡屡告诫我的是刻苦、苦学，还用古人们的故事来教育启发我，诸如"头悬梁锥刺股"，什么"铁杵成针"之类。总之，离不了一个"苦"字。可是，干吗要"头悬梁"去读书呢？！可见那书有多么乏味，我看，应该立刻丢了书本跳进水里去游泳，或者站到阳台上冲着黄昏的夕阳干一杯；干吗要用粗铁棍去磨针呢？！用铁钉或更细的铁丝去磨不好吗？可见古人有多么愚傻。和"苦"连在一起的书在我的眼里就是"奴隶主"，而我天性就不想做任何形式的奴隶。当然，我并不是说带苦味的书一定不好，它也许是绝顶的智慧，但同时它也许离你太遥远，你满眼的苦颜色，你的心在抗拒它，那么再好的书也是读不好的。可以打个比方，一个出家的僧人，假如他的心灵被邪魔缠绕，不宁不静，那么即使给他封闭在一个无门的庙里，断酒肉、隔尘缘，他依然不会万念俱灭、超悟尘凡。林语堂先生也讲过，如果一个僧人回到社会里去，喝酒、吃肉、交女人，而同时并不腐蚀他的灵魂，那么他便是一个"高僧"了。我以为极是。所以，不要去学古人把头发系在房梁上，也不要用铁棒子磨针的精神去啃一本石头砌成的啃不动的书。因为，其结果可能是一无所获或所获甚微。

从我小时候去幼儿园，到长大上小学、中学、大学，我始终在可乐地忙一件事：逃。我们的各种教育多看重共性，而几乎不讲个性。有些学校里的老师强迫学生功课以外该读什么不该读什么，总想做别人心智的主宰，这无疑是一种"霸权主义"。现代奴隶在我眼里就是丧失心智自主权的人，所以，做个任人摆布的小学生是件悲哀的事情。这也是我总想逃离群体而最终不能成为一个老师眼里的本分学生的根本。

读书的灵魂应该是自由。我读书基本上就是在这种状态下进行，也就是前边提到的"玩"的心境下进行的，每每夜幕低垂，窗外黑风响得紧，雨珠敲得勤的时候，特别是冰冷彻骨的冬夜，房间里暖融融的，一盏孤灯、一杯香茶、一把软椅、一个平和的心境，加上一本好书，真是世间难寻的幸福，一个默想人生领悟世界的境界。这份宁静与沉思的享受并不是谁人都可以得到的。

世上的读书人大致有书主和书奴两类。"锥刺股"们以及在考试的压迫下读书的，即是书奴；相反，那种借着书而浏览了大自然美丽景致或者似与一位大智者长谈一番的快乐忘情之人，便是书主。当然，有时候往往是那些深受压迫的书奴表现得最为谦逊、最为随和、最为合群；而那种心灵极度自由、深爱孤静、沉迷一灯一椅一茶一书的书主却显得落落寡合。遗憾的是，在多数人眼里，前者往往被看作合乎规范与情理。我却不这样看，勉强心智去做自己不喜爱的事才是不合规范与情理的。

　　读书的自由，像中国所有的自由一样，也许也该是一种中庸或一种技巧，只看我们怎样使用它了，聪明人便抛出李密庵的半半歌自慰：

　　　　看破浮生过半
　　　　衾裳半素半轻鲜
　　　　肴馔半丰半俭
　　　　妻儿半朴半贤
　　　　心情半佛半神仙
　　　　饮酒半酣正好
　　　　花开半时偏妍
　　　　会占便宜只占半

　　消极、被动的一半是为了更好地使积极、主动的一半得以施展和发挥。这是一种消极的积极。

　　话说回来，对书的选择应是自由，与书的依附关系更应是自由。我和书的友谊就是一个由紧密到松散的过程。正像一对情人，由初恋的如蜜似胶相依相偎，发展到后来的一种无须言语然而却默契理解刻骨铭心的散淡。

　　大约爱书成癖的人最初都很"痴"，他们用一本一本的书砌成一个个沉重的城堡，把自己围在里面，生活本身却在城堡的外边。他们一本一本地狂啃，带着一种忧思，一种模糊，一种梦幻，以为吃完了城堡就可以看到真理了，智慧就可以攥在手里了。我曾经就是这样一个痴人，也许现在仍然是，只是似乎领悟了点什么。其实，城堡外边的生活里，智慧就那么简简单单没有加工地明摆着。

当然，这个发现只有把自己关在城堡里的人关到最后才能拾到。当有一天，天空的星星与地上的雨声全都睡去，他在城堡里关得太久而失眠的时候，他无意破开城堡的一个小窗口，发现夜色里游来荡去全是人，大家都在寻找着什么，都在睁着发亮的眼睛望星空。他走出城堡，看到每个人空空洞洞的脸的后面都有一段故事，比城堡里的更鲜活生动；他听到每一个人的笑声深处都是一种经验和智慧，比城堡里的更美丽，也更丑恶，他以前怎么没有看到和听到呢？从这时开始，城堡慢慢开始融化，压在肩上的沉重忧郁的大书柜慢慢坍塌化解成平平淡淡的生活。当然，这并不等于老子的"绝圣弃智，绝学无忧"，而是合上了小书，翻开了大书。

"走进走出"的过程，并不是决然鲜明的分隔。现在，当我外出游览时，自然不会再像以前那样背上一堆书，甚至背上大字典，书们已经无形地装在我心里了，眼睛看得到看不到它已经不再是最重要的事情。我可以看许多许多"大书"——看老榆树沉稳地站立，柔弱的风怎样躲开雨滴，看夜色皮肤的衰老，看悲哀的病鸟躲进黄昏的瓦缝，看泪眼里面的晴空，看晴空后边的背影，背影里死亡的梦和没有梦的宁静，去看很多很多。世界比书本的颜色多得多。

现在，我仍然爱书，也爱把自己喜爱的书推荐给朋友们。除了西文，我感兴趣于中国古典哲学、宗教与中医学，也感兴趣于西方精神分析学与现代主义哲学，感兴趣于超自然界边缘科学。我从不给自己设防，也没有禁区。

书可以有形，亦可无形；书可以穿上衣服变成我，我也可以脱掉衣服钻入书中。我们相互依赖，又彼此独立。书永远是我的朋友。

（选自《时光倒流》）

多年父子成兄弟

汪曾祺

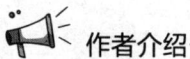作者介绍

汪曾祺,现当代著名小说家、散文家,京派小说的传人。

著有《邂逅集》《羊舍的夜晚》《骑兵列传》等,代表作品有《受戒》《大淖事》等。

这是我父亲的一句名言。

父亲是个绝顶聪明的人。他是画家,会刻图章,画写意花卉。图章初宗浙派,中年后治汉印。他会摆弄各种乐器,弹琵琶,拉胡琴,笙箫管笛,无一不通。他认为乐器中最难的其实是胡琴,看起来简单,只有两根弦,但是变化很多,两手都要有功夫。他拉的是老派胡琴,弓子硬,松香滴得很厚——现在拉胡琴的松香都只滴了薄薄的一层。他的胡琴音色刚亮。胡琴码子都是他自己刻的,他认为买来的不中使。他养蟋蟀,养金铃子。他养过花,他

养的一盆素心兰在我母亲病故那年死了，从此他就不再养花。我母亲死后，他亲手给她做了几箱子冥衣——我们那里有烧冥衣的风俗。按照母亲生前的喜好，选购了各种花素色纸作衣料，单夹皮棉，四时不缺。他做的皮衣能分得出小麦穗、羊羔、灰鼠、狐肷。

父亲是个很随和的人，我很少见他发过脾气，对待子女，从无疾言厉色。他爱孩子，喜欢孩子，爱跟孩子玩，带着孩子玩。我的姑妈称他为"孩子头"。春天，不到清明，他领一群孩子到麦田里放风筝，放的是他自己糊的蜈蚣（我们那里叫"百脚"），是用染了色的绢糊的。放风筝的线是胡琴的老弦。老弦结实而轻，这样风筝笔直地飞上去，没有"肚儿"。用胡琴弦放风筝，我还未见过第二人。清明节前，小麦还没有"起身"，是不怕践踏的，而且越踏会越长得旺。孩子们在屋里闷了一冬天，在春天的田野里奔跑跳跃，身心都极其畅快。他用钻石刀把玻璃裁成不同形状的小块，再一块一块逗拢，接缝处用胶水粘牢，做成小桥、小亭子、八角玲珑水晶球。桥、亭、球是中空的，里面养了金铃子。从外面可以看到金铃子在里面自在爬行，振翅鸣叫。他会做各种灯。用浅绿色透明的"鱼鳞纸"扎了一只纺织娘，栩栩如生。用西洋红染了色，上深下浅，通草做花瓣，做了一个重瓣荷花灯，真是美极了。在小西瓜（这是拉身的小瓜，因其小，不中吃，叫作"打瓜"或"笃瓜"）上开小口挖净瓜瓤，在瓜皮上雕镂出极细的花纹，做成西瓜灯。我们在这些灯里点了蜡烛，穿街过巷，邻居的孩子们都跟过来看，非常羡慕。

父亲对我的学业是关心的，但不强求。我小时候，国文成绩一直是全班第一。我的作文，时得佳评，他就拿出去到处给人看。我的数学不好，他也不责怪，只要能及格，就行了。他画画，我小时也喜欢画画，但他从不指点我。他画画时，我在旁边看，其余时间由我自己乱翻画谱，瞎抹。我对写意花卉那时还不太会欣赏，只是画一些鲜艳的大桃子，或者我从来没有见过的瀑布。我小时字写得不错，他倒是给我出过一点主意，在我写过一阵"圭峰碑"和"多宝塔"以后，他建议我写写"张猛龙"。这建议是很好的。现在我写的字还有"张猛龙"的影响，我初中时爱唱戏，唱青衣，我的嗓子很好，高亮甜润。在家里，他拉胡琴，我唱。我的同学有几个能唱戏的。学校开园乐会，他应我的邀请，到学校去伴奏。几个同学都只是清唱。有一个姓费的同学借到一顶乌纱帽，一件蓝官衣，扮起来唱"砂井"，但是没有配角，没有衙役，没有犯人，只是一个赵廉，摇着马鞭在台上走了两圈，唱了一段"郿坞县在马上心神不定"便完事下场。父亲那么大的人陪着几个孩子玩了一下午，还挺高兴。我17岁初恋，暑假里，在家写情书，他在一旁瞎出主意。我十几岁就学会了抽烟喝酒，他喝酒，给我也倒一杯。抽烟，一次抽出两根，他一根我一根。他还总是先给我点上火。我们的这种关系，他人或以为怪。父亲说："我们是多年父子成兄弟。"

我和儿子的关系也是不错的。我戴了"右派分子"的帽子下放张家口农村劳动，他那时才从幼稚园刚毕业，刚刚学会汉语拼音，用汉语拼音给我写了第一封信。我也只好赶紧学会汉语拼音好给他写回信。"文化大革命"期间，我被打成"黑帮"，送进"牛棚"。偶尔回家，孩子们对我还是很亲热。我的老伴告诫他们："你们要和爸爸'划清界限'"，儿子反问母亲："那你怎么还给他打酒？"只有一件事，两代之间，曾有分歧。他下放山西忻县"插队落户"。按规定，春节可以回京探亲。我们等着他回来。不料他同时带回了一个同学。他这个同学的父亲是一位正受林彪迫害,搞得人囚家破的空军将领。这个同学在北京已经没有家,按照大队的规定是不能回北京的。但是这孩子很想回北京,在一伙同学的秘密帮助下,我的儿子就偷偷地把他带回来了。他连"临时户口"也不能上,是个"黑人",我们留他在家住,等于"窝藏"了他。公安局随时可以来查户口,街道办事处的大妈也可能举报。当时人人自危,自顾不暇,儿子惹了这么一个麻烦,使我们非常为难。我和老伴把他叫到我们的卧室,对他的冒失行为表示很不满。我责备他:"怎么事前也不和我们商量一下!"我的儿子哭了,哭得很委屈,很伤心。我们当时立刻明白了:他是对的,我们是错的。我们这种怕担干系的思想是庸俗的。我们对儿子和同学之间的义气缺乏理解,对他的感情不够尊重。他的同学在我们家一直住了四十多天,才离去。

　　对儿子的几次恋爱,我采取的态度是"闻而不问"。了解,但不干涉。我们相信他自己的选择,他的决定。最后,他悄悄和一个小学时期的女同学好上了,结了婚,有了一个女儿,已近7岁。

　　我的孩子有时叫我"爸",有时叫我"老头子"!连我的孙女也跟着叫。我的亲家母说这孩子"没大没小"。我觉得一个现代化的、充满人情味的家庭,首先必须做到"没大没小"。父母叫人敬畏,儿女"笔管条直"最没有意思。

　　儿女是属于他们自己的。他们的现在和他们的未来,都应由他们自己来设计。一个想用自己理想的模式塑造自己孩子的父亲是愚蠢的,而且,可恶!另外作为一个父亲,应该尽量保持一点童心。

(选自《汪曾祺散文全集》(第5卷))

少年初识悔滋味

梁晓声

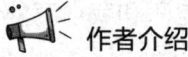作者介绍

梁晓声,当代著名作家。

著有《年轮》《这是一片神奇的土地》《父亲》《今夜有暴风雪》《为了收获》《学者之死》等。

1971年,我到北大荒的第三个年头,连队已有200多名知识青年了。我是一排一班的班长。

我们被认为或自认为是知识青年,其实并没有多少知识可言。我的班里,年龄最小的上海知青,才17岁。还是个中学生而已。

那一年全都在"割资本主义的尾巴"。团里规定——老职工老战士家,不得养母鸡。母鸡会下蛋,当归于"生产资料"一类。至于猪,公的母的,都是不许私养的。母猪会下崽,私人一旦养了,必然形成"资本的原始积累"。公猪呢,一旦养到既肥

且重，在少肉吃的年代，岂非等于"屯稀居奇"？违反了规定者，便是长出"资本主义的尾巴"了。倘自己不主动"割得狠、割得疼"，就会"割得彻底、割出血来"。

有一年，有一名老职工和我们班在山上开创"新点"。5月里的一天，我忽听到了小鸡的吱吱叫声，发出在一个纸板箱里。纸板箱摆在火炕的最里角。

我奇怪地问："老杨，那里是什么叫？"他笑笑，说是小鸟叫。

我说："我怎么听着像是小鸡叫？"

他一本正经地说："深山老林，哪儿来的小鸡啊？是小鸟儿叫，我发现了一个鸟儿窝。大概老鸟儿死了，小鸟儿们全饿得快不行了。我一时动了菩萨心肠，就连窝捧回来了。养大就放生……"

他说得煞有介事，而且有全班人为他作证，我也就懒得爬上炕上看一眼，只当就是他说的那么回事儿……

不久后的一天，我见他在喂他的"鸟儿"们。它们一个个已长得毛茸茸的，比拳头大了。

我指着问："这是些什么？"

他嘿嘿一笑，反问："你看呢？"

我说："我看是些小鸡，不是小鸟儿。"

他说："我当它们是些小鸟儿养着，它们不就算是些小鸟儿了么？"

这时全班人便都七言八语起来。有的公然"指鹿为马"，说明明是些小鸟儿，偏我自己当成是些小鸡，以己昏昏，使人昏昏。有的知道骗不过我，索性替老杨讲情儿，说在山上，养几只

小鸡也算不了什么,何必认真?再说,也是"丰富业余生活"内容么……

我也觉得大家的生活太寂寞了,不再反对。

你没法儿想象,那些"小鸟儿",不,那些小鸡,是老杨每晚猫在被窝里,用双手轮番地焐,焐了半个多月,一只只焐出来的……

一日三餐,全班总是有剩饭剩菜的。它们吃得饱,长得快,又有老杨的精心护养,到了八九月份,全长成些半大鸡了。

"新点"建还是不建,团里始终犹豫。所以我们全班也就始终驻扎在山上。

"十一"那一天,老杨杀了两只最大的公鸡,我们美美地喝了一顿鸡汤。

春节前,连里通知,"新点"不建了,要全班撤下山。这是大家早就盼望着的事,可几只鸡怎么办呢?大家都犯起愁来。最后一致决定,全杀了吃。

其中四只是母鸡。杀鸡的老杨几次操刀,几次放下,对它们下不了手。他恳求地望着我说:"班长,已经开始下蛋啊!"

我说:"那又怎样?"

他说:"杀了又太可惜呀!"

我说:"依你怎么办?"

他进一步恳求:"班长,让我偷偷带回连队吧!我家住在村尽头,养着也没人发现。发现了我自己承担后果。我家孩子多,又都在长身体的时候……"

而我,当时实在说不出断然不许的话……

我却不曾料到,这件事被我们班里一个极迫切要求入团的知青揭发了。于是召开了全连批判会。于是这件事上了全团的"运动简报"。

批判稿是我写的,我代表全班读的。尽管我按照连里和团里的指令做了,我这个班长还是被撤了职……

老杨一向为人老实。平时对我们也极好。他感到了被出卖的愤怒,也觉得当众受批判乃是他终生的奇耻大辱。一天夜里,他吊死在知青宿舍后的一棵树上……

我们被吩咐料理他的后事。他死后我才第一次到他家去。那是怎样的一个家啊!一领破炕席,三个衣衫褴褛营养不良的孩子,一个面黄肌瘦病恹恹的女人……那一种穷困情形咄咄逼人。在他死后,尤其令人心情沉重而又内疚不已……

我们将埋他的坑挖得很深很深……

埋了他,我们都哭了,在他的坟头……

后来每一个星期日的夜里,都会有一爬犁烧柴送到他家门前……

后来我当了小学老师,教他的三个孩子。我极端地偏爱他们、偏袒他们,替他们买书包、买作业本。然而他们怕我、疏远我……

后来他们的母亲生病了,我们全班步行了二三十公里,赶到团部医院去要求献血。我住到了他们家里,每天替他们做饭、辅导他们的功课、给他们讲故事听……可他们依然怕我、疏远我,甚至在他们瞪着三双大眼睛听我讲故事的时刻……

后来我调到团宣传股去了。离开连队那一天,许多人围着马车送我。我发现我的三个学生的母亲、默默地闪在人墙后,似在看着我,又不似……

老板子发出赶马的吆喝声后,我见她双手将三个孩子往前一推,于是我听到他们齐声说出的一句话是"老师再见!"

顿时我泪如泉涌……

当年,我们连自己都不会保护自己,更遑论善于保护他人。这样想,虽然能使我心中的悔不再像难愈的伤口仍时时渗血,但却不能使当年发生的事像根本没发生过一样……

如今二十多载过去了,心上的悔如牛痘结了痂,其下生长出了一层新嫩的思想——人对人的爱心应高于一切的,是社会起码的也是必要的原则。当这一原则遭到歪曲时,人不应驯服为时代的奴隶。获得这一种很平凡的思想,我们当年付出了怎样的代价啊!……

(选自《百年中国经典散文》(青春卷))

回忆饥饿

林 白

作者介绍

林白,作家。

著有《一个人的战争》《说吧,房间》《万物花开》等。

记忆中的饥饿像一只血盆大口,它在过去的岁月里逼近我,把我啃咬和吞没。

我八岁上小学二年级的时候曾经饿倒在课堂上,饥饿的烧灼感从胃部蔓延到全身,灼烤着体内的每一个感官和每一寸肌肤。这种烧灼从第二堂课刚上课的时候就隐约出现,随即它们越来越明显,它们以极快的速度滋生和集结,每一个分子一手举着长矛一手举着火把,在我的身体里步步紧逼,它们一次次把我的唾液驱赶到我的喉咙,我一次次地把它们咽下去以平息腹中弥天的烧灼,饥饿的怒火不但没有缓解,反而变本加厉。在这场力量悬殊的拉锯战中我很快就败下阵来。我全身的冷汗奔涌而出,眼睛再也看不见黑板上的字,也听不见老师的声音了。我全部的感官只提供同一个感觉:腹部里有一个越来越烫越滚越大的火球,它正在挤压我全身的水分和力气,它已经烧到了我的心,快要烧到我的脸和我的头了。这是一个巨大的唯一的感觉,遮天蔽日,如果我不逃脱,我将死于这个火球,而这正是一件迫在眉睫的事,同时我清醒地意识到,我没有任何能力熄灭这个凶猛的火球,我已经精疲力竭了。

我全身发软地瘫倒在书桌上,我知道我再也不行了,但酷刑般难忍的滋味还在继续,我不知道怎样才能结束这一切,什么时候才能结束这一切。后来我绝望地哭了起来,当我回忆这饥饿的哭泣时,我已经无法证明是什么引起了当时正在上课的老师的注意,是哭泣还是晕倒,我回想不起来哭泣的声音,一个饥饿至极的孩子,趴倒在书桌上,她哭泣的声音像游丝般微弱,有谁会注意这个声音呢?我模糊地感到老师在走近我,温热而干燥的手摸了摸我的额头,又摸了摸我的手,她说:你是饿的,快去买一碗米粉吃就好了。她从口袋拿出一角钱和二两粮票放到我手上,说:你现在就去,不要等下课了。

我什么都没说,握着老师给我的一角钱就往街上跑,当时的一角钱是小镇许多家庭一天的菜金,两分钱能买到一斤空心菜,五分钱能买一斤咸萝卜,四分钱就能买到一碗汤米粉。我握着一角钱,就像握着了神话中的某种宝物,体内那只烧灼的火球奇迹般地消退了,我的眼睛和脚重新有了感觉,我一溜烟走出校门,紧盯着街上最近的一家米粉铺飞奔而去。我交上钱和粮票,坐在凳子旁,既兴奋又新鲜,饥饿的感觉暂时消失。这是我第一次在街上吃东西,母亲卫生方面要求严格,任何时候都不允许在街上乱吃东西，"细菌"这个词在我很小的时候就被狰狞地灌输进脑子里。我看见条状洁白的米粉被放进了一口大锅，浓白的蒸汽在升腾，时疏时密，婀娜而澎湃，米的香味从这片白色的气体中间跳荡、闪烁，照亮了整个店铺，每个人的脸上都被这特殊的光亮所照耀，脸上一片满足的神情。蒸汽风起云涌，气象万千，我们的太阳就要出来了！

围着布围裙的人将一只光滑的竹漏笊伸进大锅里，蒸汽的云雾从正中破开，竹漏笊水光闪闪开始左右晃动，沸腾的汤如大花般怒放，米粉，我们饥饿之躯的太阳，在竹漏笊的托举下，从云雾的中央，从沸腾的汤中迅速上升，它呼的一下就升起来了，呼的一下到了大瓷碗里，然后它飘动着白气，如同翕动着柔软的翅膀，明眸皓齿，仪态万千地来到我的面前，在我的记忆中，我从未见到、也再也没有见过如此美好的食物，它的颜色和香味在时间中聚集、堆积，成为坚硬的晶体，隐藏在我的味蕾和呼吸中，它的光芒永不落。

缀结着这所有一切的人，是我的老师庞桂珍。这是一个真实的名字，这个名字珍贵而朴素，多年来我把它珍藏在心里，多年我等待一个庄重的场合把它庄重地说出，等待饥饿的记忆再现在我的文字中，犹如等待一个坚硬而平整的台地，语言的青草繁茂地生长，芬芳而雍容，饱含着感恩的心情。我默念着我的老师的名字，把它郑重地书写在这里，这是我多年来的心愿，我希望所有与我的作品相遇的人，也同样与她相遇。被她慈爱的眼光所笼罩，是我永远的福分。

饥饿的感觉跟随我多年，在我成长的十几年时间里，我几乎每天都感到饥饿，因为大多数的日子里没有早餐可吃。饥饿使所

有的上午漫长难熬,每到第三节课就头晕,弱不禁风。在太阳底下站立都会眼前发黑。最后我就这样长大了。我知道我的饥饿比起大量死去的人微不足道。

(选自《林白作品精选》)

我父亲的老师

[意] 德·亚米契斯 著　徐力源 译

作者介绍

德·亚米契斯，意大利作家。

著有《军营生活》《爱的教育》等。

昨天，我跟父亲出门旅行，这趟旅行真是太美好了！事情是这样的：

前天吃晚饭的时候，父亲看着报纸，突然惊叫了一声，然后说：

"温琴佐·克罗塞蒂，这不是我的小学老师吗！我以为他二十年前就病故了，可他还健在，该有八十四岁了吧。你们看，这儿登着教育部授予他执教六十年功德奖章的消息。六十年啊！你们懂吗？也就是前两年他才停止上课。我的克罗塞蒂！他家住在孔多维，原先咱们家基耶里别墅的那个园丁就住在那个地方，坐火车一个小时就到了。"过了一会儿，父亲又说：

"恩里科，咱们去看看他吧。"

那天晚上，父亲的话题就没离开他的老师。他这个小学老师的名字让他回想起他小时候的许多往事，回想起他最早的同学和他去世的妈妈。

"克罗塞蒂！"父亲感慨道，"他教我们的时候四十岁。我仍然记得他当时的样子。他矮矮的个子，背有些驼，明亮的眼睛，胡子总是刮得干干净净。他表情严肃，但举止文雅，像父亲一样爱我们，谁犯错误都不原谅。他出身农民，靠拼命用功和省吃俭用当上了老师。他人品高尚，我母亲特别喜欢他，我父亲待他像朋友一样。后来，他怎么离开都灵到孔多维去了？他肯定认不出我了。没关系，我能认出他来。四十四年过去了，四十四年啊！恩里科，我们明天就去看看他。"

昨天上午九点钟，我们到了苏萨火车站。我本来还想叫上加罗内，可他妈妈病了，不能同去。

这是一个阳光明媚的春日。火车在绿草鲜花中行驶，香气扑鼻。我父亲兴奋地望着窗外，不时用胳膊搂住我的脖子，就像朋友似的跟我说话。

"我的克罗塞蒂呀！"父亲说，"除了我父亲，就数他最关爱我、对我帮助最大了。我永远忘不了他对我的教导，忘不了他对我的严厉斥责，他有时说得我直想哭。他的手短粗。我还记得他走进教室的情景：把手杖放在角落里，把披风挂在衣架上，天天如此。他每天都是同样的心情，总是那么兢兢业业、一丝不苟地对待工作，好像每天都是第一次上课。我至今还仿佛听到他对我喊着：'博蒂尼，博蒂尼，怎么握笔呢？食指和中指放在笔上！'四十四年了，他一定变样了。"

一到孔多维，我们就去找原先我们家的那个园丁。她住在一条小胡同里，开着一家小铺子。她和她的孩子都在家，见到我们特别高兴，告诉我们她的丈夫去希腊工作了三年，就要回来了，她的大女儿到都灵的聋哑人学校读书去了。然后，她告诉我们去老师家怎么走，说大家都认识这位老师。

　　出了镇子，我们上了一条上坡的小路，路两边是两道长满鲜花的篱笆。

　　我父亲默默地走着，完全沉浸在回忆中，不时地笑笑，摇摇头。

　　突然，他停下来，说：

　　"那就是他，我敢肯定就是他。"

　　这时，我们看见小路上走过来一个戴着大帽子、挂着手杖的白胡子老人。他拖着脚步，两手颤抖着。

　　"就是他。"我父亲边说边加快了脚步。

　　我们走到他面前停住了脚步。老人也停下来，看着我父亲。他的气色很好，两眼炯炯有神。

　　"您是温琴佐·克罗塞蒂老师吗？"我父亲摘下帽子问。

　　老人也摘下帽子回答："是我。"他的声音有点发颤，但仍然洪亮。

　　我父亲抓住他的一只手说："那么请允许您原来的一个学生握您的手，向您问好。我是从都灵来看望您的。"

　　老人惊奇地看着我父亲，然后说：

　　"我真是荣幸……我不知道……什么时候，哪个学生？对不起，请告诉我您的名字。"

　　我父亲说出了自己的名字以及他上学的时间和地点，还说：

我父亲的老师

153

"您大概记不得我了,这很自然,可我记得您,记得非常清楚!"

老人低着头沉思了一会儿,低声重复了两三遍我父亲的名字。与此同时,我父亲微笑着,目不转睛地看着他。

突然,老人抬起头,睁大眼睛,缓慢地说:"阿尔贝托·博蒂尼?博蒂尼工程师的儿子?家住孔索拉塔广场附近?"

"正是。"我父亲回答,伸出了双手。

"那么,"老人说,"请允许我,亲爱的先生,请允许我……"他走上前来拥抱我父亲。他那白发苍苍的头只到我父亲的肩膀。我父亲把脸颊贴在他的前额上。

"我请你们到我家来。"老人说。

他没有再说话,转过身,朝他家走去。没有几分钟,我们来到一个打谷场。打谷场后面有一座两扇门的小房子。其中一扇门前围着一堵白墙。

老人打开了另外一扇门,把我们让进屋里。屋子四壁都是白色的,一个墙角放着一张床,床上铺着蓝色白格子被罩,另一个墙角里摆着一张书桌和一个小书架。屋里有四把椅子,墙壁上挂着一张旧地图。房子里散发出苹果的香味。

我们全都坐下来。我父亲和他的老师默默地相互看了一会儿。

然后,老人注视着地上的一片阳光,用惊讶的语气说:

"啊,博蒂尼,我记得清清楚楚。您的母亲是位特别好的太太!您头一年在第一排左边靠窗户的座位上坐了一段时间。您瞧,我这不还记得嘛。我还记得您的一头鬈发。"然后,他沉思了一会儿,又说:

"嗯，您当时是个活泼的孩子，啊，非常活泼呢。二年级的时候，您得了喉炎。我记得您回学校上学的时候裹着一条大围巾，瘦多了。四十年过去了，不是吗？真是难为您还记得您的老师。您知道，前些年还有其他学生来这里看我。他们有的已是上校，有的成了神甫，都挺有出息的。"

老师询问我父亲干什么工作，然后说："我真高兴，打心眼儿里高兴。我感谢您，先生，已经有一阵子没有人来看我了，我真怕您是最后一个来看我的。"

"别这么说！"我父亲说，"您身体这么好，这么健壮，不应该说这话。"

"唉，您没看到我的手抖得这么厉害吗？"老人伸出双手说，"这不是好兆头。三年前我还在学校教书时得了这种病。起初我没在意，以为会好的，不料竟越来越严重。有一天连字都写不了了。唉，那天是头一次把墨水洒在了一个学生的练习本上，我心里特别难过。我坚持着上课，可后来实在上不下去了。教了六十年的书，我终于不得不告别学校，告别学生，告别工作。您知道，这对我来说是很痛苦的。上完最后一课，所有的学生一起送我回家，为我庆贺，可我心里很难过，我知道我这一辈子算是完了。大前年，我的妻子和独生子就已经去世了，只剩下两个当农民的孙子。现在我靠几百里拉的退休金生活。我什么也干不了了，每天都觉得时间特别漫长。您看，我唯一能干的就是翻看我在学校用过的旧书和教学笔记，还有几本别人送给我的书。这不，"老人用手指指小书架说，"那里有我的回忆，有我全部的过去……除了这些我什么都没有了。"

然后，他突然用欢快的语调说：

"博蒂尼先生,我想给您一个惊喜。"

他站起身来,走到书桌前,拉开一个长抽屉,里面放着许多用细绳捆着的小包,每个小包上都写着日期。

他找了一会儿,打开一个小包,翻了几页,抽出一张已经发黄的纸,递给我父亲。这是我父亲四十年前的一篇作业!篇头上写着:阿尔贝托·博蒂尼。听写。一八三八年四月三日。我父亲立刻就认出了他那孩提时代的粗大字体。父亲微笑着念了起来。突然,他的眼睛湿润了。我站起来,问他怎么了。

父亲用胳膊抱住我的腰,紧紧搂着我,对我说:"你看这页纸。看见了吗?这些批语是我母亲写的。她老是给我描'L'和'T'这两个字母。最后几行都是她写的。她学着模仿我的字体,见我又累又困了,就替我写作业。真是神圣的母爱啊!"

他亲了亲那页纸。

"瞧,"老人指着其他小包说,"这些都是我的回忆。每个学生的作业我都要保留一篇,编上号,按次序放好。我经常翻阅这些作业,看看这篇,看看那篇,回忆起无数往事,仿佛又回到了过去。亲爱的先生,我教过多少学生啊!我一闭眼就能看见一张张的脸孔,一班班的学生,他们中间有多少人已经去世了。有许多孩子我还记得,那些最听话的和最调皮的,给我带来欢乐的和给我带来苦恼的,我都记得特别清楚。这么多的学生里面,也有坏小子。可您知道,我好像已经到了另外一个世界了,所以不论好孩子还是坏孩子我都喜欢。"

老人说完坐下来,并握住我的一只手。

我父亲微笑着问:

"您还记得我做过什么坏事吗?"

"您吗，先生？"老人也微笑着回答，"一时想不起来。不过这不等于说您没做过。有一点可以肯定，您当时很有主意，按您当时的年龄不该那么严肃。我记得您的母亲特别关爱您……不管怎么说，您来看我真是太好了！您怎么能够放下自己的工作跑来看一个老头子呢？"

"克罗塞蒂先生，"我父亲兴奋地说，"我还记得我母亲头一次送我上学的情景。那是她头一次要跟我分别两个小时，头一次把我留在家外面，交到一个陌生人的手里。对于我的母亲来说，我到学校上学就像进入了社会。以后必然会有无数痛苦的分别，但那次是头一次。社会头一次把儿子从她手里夺走，以后再也不会完完整整地还给她了。她特别激动，我也是。她用颤抖的声音把我托付给您，走的时候都到门口了还冲我挥着手，满眼是泪水。就是在这时，您朝她挥了挥手，另一只手放在胸前，好像是在对她说：'放心交给我吧，太太。'就是从您的动作和目光中，我感觉到您领会了我母亲的全部感情和所有的忧虑。您的目光是在说：'不用担心！'您的动作是一个真心的承诺，承诺一定会保护、关爱和宽容我。我永远都忘不了您的那个动作，您的那个动作已经永远刻在了我的心里。就是因为我还记得您的那个动作，我才会在四十年之后从都灵跑到这里来看您，来对您说一句：'谢谢您，我亲爱的老师！'"

老人没有说话，他抚摸着我的头发，颤抖的手从我的头发一直摸到我的前额，又从前额摸到肩膀上。

父亲看着光秃秃的墙壁，那张破旧的床，还有窗台上的一块面包和油瓶，好像要说："可怜的老师，工作了六十年，这就是对您的全部补偿吗？"

然而，善良的老人特别高兴，又兴奋地说起我们家，说起当时的其他老师和我父亲的同学，这些人，有的我父亲还记得，有的已经记不得了，他们俩互相介绍着这个人或那个人的情况。突然，我父亲打断了谈话，请他的老师到城里跟我们一起吃顿饭。老人热情地回答："谢谢您，谢谢您。"但似乎有点儿犹豫。我父亲拉起他的两只手，坚持请他去。

"可我怎么吃呀？"老人说，"我的手抖得这么厉害。让别人看了也不好。"

"我们帮着您，老师。"我父亲说。老人终于同意了，并微笑着点点头。

"今天天气真好，"老人一边关上外面的门一边说，"真是个好天啊，博蒂尼先生。我永远都不会忘记这一天。"

我父亲挽着老人的胳膊，老人拉着我的手，我们一起沿着小路向城里走去。路上遇见两个光脚的小姑娘赶着牛，还有一个小伙子背着一大捆草从我们身边跑过。老人告诉我们，他们都是三年级的学生，每天早晨赶着牛去吃草，光着脚在田里干活儿，到了下午就穿上鞋去上学。快到中午了，我们没再遇见其他人。没走多久，我们到了餐馆，围着一张大桌子坐下，让老人坐在中间，便开始吃饭了。

餐馆里安静得像个修道院。由于特别兴奋，老人的手就抖得更厉害，几乎没法吃东西。于是，我父亲就替他切肉，掰面包，往盘子里放盐。老人喝酒必须用双手捧住杯子，就这样杯子还是老碰牙齿。但他情绪高昂，说个不停。说他年轻时看过什么书，当时的课程安排如何，上级领导是怎么表扬他的，最近一些年的规章制度如何如何。他的脸还是那么平静，脸色比先前红润了一些，说话的声音充满欢乐，笑得简直就像年轻人一样。我父亲侧着脸，微笑地望着他，那神情就像有时在家里看着我一样。

老人把酒洒到了胸前，我父亲便站起来用餐巾替他擦干净。

"不行，先生，不能这样！"老人微笑着说。老人还用拉丁语说了几句话。最后，老人用颤抖的手举起杯子，神情十分庄重地说：

"亲爱的工程师先生，为了您和孩子的健康，为了纪念您善良的母亲，干杯！"

"为您的健康干杯，我的好老师！"我父亲握住老人的手回答。

站在一旁的餐馆老板和其他人微笑着看着我们，好像他们也为这种师生的聚会感到高兴。

过了两点钟，我们走出餐馆，老人要送我们到车站。我父亲走过去搀住他的胳膊，他又拉起我的手，我替他拿着手杖。路上的行人都停下来看我们，因为所有的人都认识老人，还有几个人跟老人打招呼。

走在街上，我们听到从一扇窗户里传来许多孩子齐声朗读的声音。老人停下脚步，显得特别痛苦。

"这不，博蒂尼先生，"老人说，"我最痛苦的就是听着孩子们的读书声却再也不在他们中间了。已经有另一个人代替我了。这'音乐'我听了六十年了，早已经爱上她了。现在我没有家了，也没有孩子了。"

"不，老师，"我父亲一边往前走一边对老师说，"您仍然有好多孩子，他们分布在世界各个地方，他们都跟我一样记得您。"

"不，不，"老人伤心地回答，"我再也没有学校了，再也没有学生了。没了学生，我也就活不了多久了。我的日子快到头了。"

"别这么说，老师，"我父亲说，"别这么想，不管怎么说，您的工作干得多么出色呀！您这一辈子过得多有意义呀！"

老人把白发苍苍的头在我父亲的肩膀上靠了一会儿，又握了握我的手。

我们走进火车站，火车就要开了。

"再见了，老师！"我父亲亲了亲他的面颊说。

"再见，谢谢！再见！"老人回答，并用两只颤抖的手抓住我父亲的一只手，紧紧贴在他自己的胸口。

我也亲了亲老人，觉得他的脸上都是泪水。

父亲把我推上车厢，他自己临上车前拿过老人手里那根粗糙的手杖，把他自己那根带银制圆头、刻着他的名字的漂亮手杖递到老人的手里，说：

"留个纪念吧。"

老人想把手里的手杖还给我父亲，再换回他自己的，可我父亲已经上了车，关上了车门。

"再见，我的老师！"

"再见，我的孩子！您给一个可怜的老头带来安慰，上帝会保佑您的。"火车开动时，老人说。

"再见！"我父亲用激动的声音喊道。

可老人摇着头，好像在说："我们再也见不着了。"

"再见！再见！"我父亲重复着。

老人颤抖的手举向天空，指着天空回答："在那上面再会吧！"

就这样，他举着手，消失在我们的视线之外。

（选自《爱的教育》）

与陌生人交流

铁 凝

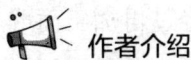
作者介绍

铁凝,当代作家。

代表作有《哦,香雪》《大浴女》《玫瑰门》《麦秸垛》《无雨之城》等。

从前的我家,离我就读的中学不远。上学的路程大约十分钟,每天清晨我都要在途中的一家小吃店买早点。

那年我十三岁,念初中一年级。正是"深挖洞、广积粮"的时候,因此一入学便开始了拉土、扣坯、挖防空洞。虽说也有语文、数学等等的功课开着,但那似乎倒成了次要。考试是开卷的,造成了一种学不学两可的氛围。只有新增设的一门叫作"农业"的课,显出了它的重要。每逢上课,老师都要再三强调,这课是为着我们的将来而设。于是当我连"安培""伏特"尚不知为何物时,就了解了氮磷钾、人粪尿、柴煤肥以及花期、授粉、山药炕什么的。这来自书本的乡村知识并不能激发我真正的兴趣，或者我也不甘做一名真正的农民吧。我正在发育的身体，乐观地承受着强重的体力劳动，而我的脑子则空空荡荡。如果我的将来不是农民，那又是什么呢？我不知道。

每日的清晨，我就带着一副空荡的脑子走在上学的路上，走到那家小吃店门前。我要在这里吃馃子和喝豆浆，馃子就是人们所说的油条。这个时间的小吃店，永远是热闹的，一口五印大锅支在门前，滚沸的卫生油将不断下锅的面团炸得嗞嗞叫着，空气里有依稀的棉花籽的香气。这卫生油是棉籽油经过再加工而成的，虽然因了它剔除不尽的杂质，炒菜时仍要冒出青烟，但当年，在那个每人每月只150克食油供应的城市，能吃到卫生油炸出的馃子已是欢天喜地的事了。我排在等待馃子的队伍里，看炸馃子的师傅麻利、娴熟的操作。

站在锅前负责炸的是位年轻姑娘，她手持一双长的竹筷，不失时机地翻动着油条，将够了火候的成品夹入锅旁那用来控油的钢丝笸箩。因为油是珍贵的，控油这一关就显得格外重要。她用不着看顾客，只低垂着眼睑做着属于自己业务范围的事——翻动、捞起。但她的操作是愉快的，身形也因了这愉快的劳作而显得十分灵巧。当她偶尔因擦汗把脸抬起来时，我发现她长得非常好看。她那新鲜的肤色，那从白帽檐下掉出来的栗色头发，那纯净、专注的眼光，她的一切……在我当时的年岁，无法有词汇去形容一个成年女人的美，但一个成年女人的美却真实地震动着我，使我对自己充满自卑，又充满希冀。

关于美女，那时我知道得太少。即使见过一点可怜的图片，也觉得那图们分外遥远、虚渺。邻居的孩子曾经藏有一本抄家遗漏的《爱美莉亚》连环画，莎士比亚这个关于美女的悲剧故事吸引过我，可我并不觉得那个爱美莉亚美丽。再就是家中剩余的几张旧唱片了，那唱片封套上精美的画面也曾令我赞叹不已：《天鹅湖》中奥薇丽塔飘逸的舞姿，《索尔维格之歌》上袁运甫先生设计的那韵味十足、装饰性极强的少女头像……她们都美，却可望而不可即。唯有这炸馃子的姑娘，是活生生的可以感觉和捕捉的美丽。她使我空荡的头脑骤然满当起来，使我发现我原本也是个女性，使我决意要向着她那样子美好地成长。

以后的早晨，我站在队伍里开始了我细致入微的观察，观察她那两条辫子的梳法，她站立的姿态，她擦汗的手势，脚上的凉鞋，头上的白布帽。当我学着她的样子，将两条辫子紧紧并在脑后时，便觉得这已大大缩短了我和她之间的距离。当寒冷的冬季我戴上围巾又故意拉下几缕头发散出来时，我的内心立刻充满愉快。日子在我对她的模仿中生着情趣，脑子不再空荡，盯着黑板上的氮磷钾，我觉出一个新的我自己正在我身上诞生。

后来我们搬了家，再后来我真的去了有着柴煤肥和山药炕的那个广阔天地。我不能再光顾那家小吃店了。

当我在乡间路上，在农民的院子里遇见陌生的新媳妇时，总是下意识地将她们同那位炸馃子的姑娘相比，我坚信她们都比不上她。直到几年后我返回城市，又偶尔路过那家小吃店时，发现那姑娘还在。五印的铁锅仍旧沸腾着，她仍旧手持细长的竹筷在锅里拨弄。她的栗色头发已经剪短，短发在已染上油斑的白帽子边沿纷飞。她还是用我熟悉的那姿势擦汗，她抬起头来，脸色使人分不清是自然的红润，还是被炉火烤得通红。她没了昔日的愉快，那已然发胖的身形也失却了从前的灵巧。她满不在乎地扫视着排队的顾客，嘴里满不在乎地嚼着什么。这咀嚼使她的操作显得缺乏专注和必要的可靠，就仿佛笸箩里的馃子其实都被她嚼过。我站在锅前，用一个成年的我审视那更加成年的她，初次怀疑起我少年时代的审美标准。因为，站在我面前的实在只是一名普通妇女。此刻她正从锅里抽出筷子指着我说："哎，买馃子后头排队去！"她的声音略显沙哑，眼光疲惫而又烦躁，好像许多年来她从未有过愉快，只一味地领受着这油烟和油锅的煎熬。

我匆匆地向她指给我的"后头"走去，似乎要丢下一件从未告知他人的往事，还似乎害怕被人识破：当年的我，专心崇拜的就是这样一位妇女。

又是一些年过去，生活使我见过了许多好看的女性，中国的、外国的、年老的、年轻的……那炸馃子的师傅无法与她们相比。偶尔地想起她来，仿佛只为着证实我的少年是多么幼稚。

又是一些年过去，一个不再幼稚的我却又一次光顾那家小吃店了。记得是秋天的一个下午，我乘坐的一辆面包车在那家小吃店前抛锚。此时，门口只有一只安静的油锅，于是我走进店内。我看见她独自在柜台里坐着，头上仍旧戴着那白帽，帽子已被油烟沤成了灰色。她目光涣散，不时打着大而乏的呵欠，脸上没有热情，却也没有不安和烦躁，就像早已将自己的全部无所他求地交给了这店、这柜台。柜台里是打着蔫儿的凉拌黄瓜。我算着，无论如何她不过四十来岁。

下午的太阳使店内充满金黄的光亮，使那几张铺着干硬塑料布的餐桌也显得温暖、柔和。我莫名地生出一种愿望，非常想告诉这个坐在柜台里打着呵欠的女人，在许多年前我对她的崇拜。

"小时候我常在这买馃子。"我说。

"现在没有。"她漠然地告诉我。

"那时候您天天站在锅前。"我说。

"你要买什么？现在只有豆包。"她打断我。

"您梳着两条又粗又长的辫子，穿着白凉鞋，您……"

"你到底想干什么？"她几乎怪我打断了她的呆坐，索性别过脸不再看我。

"我只是想告诉您，那时候我觉得您是最好看的人，我曾经学着您的样子打扮我自己。"

"嗯？"她意外地转过脸来。

面包车的喇叭响了，车子已经修好，司机在催我上车。

我匆匆走出小吃店，为我这唐突的表白寻找动机，又为我和她那无法契合的对话感到没趣。但我忘不了她那声意外的"嗯"，和她那终于转向我的脸。我多么愿意相信，她相信了一个陌生人对她的赞美。

不久，当又一个新鲜而嘈杂的早晨来临时，我又乘车经过这个小吃店。门前的油锅又沸腾起来，还是她手持竹筷在锅里拨弄。她的头上又有了一顶雪白的新帽子，栗色的卷发又从帽檐里滚落下来，那些新烫就的小发卷儿为她的脸增添着活泼和妩媚。她以她那本来发胖的身形，正竭力再现着从前的灵巧，那是一种更加成熟的灵巧。

车子从店前一晃而过，我忽然找到了那个下午我对她唐突表白的动机。正因为你不再幼稚，你才敢向曾经启发了你少年美感的女性表示感激，为着用这一份陌生的感激，再去唤起她那爱美的心意。

那小吃店的门口该不会有"欢迎卫生检查团"的标语吧？城

市的饮食业，总要不时接一些检查团的；那小吃店的门前，会不会有电视摄像机呢？也许某个电视剧组，正借用这店作外景地。我庆幸我的车子终究是一晃而过，我坚信愿意坚信的：她的焕然一新分明是因为听见了我的感激。

当你克服着虚荣走向陌生人时，平淡的生活里就会处处充满陌生的魅力。

（选自1990年《北京文学》第8期）

亲情·旧情·友情（节选）

[美] 於梨华

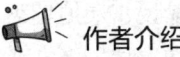 作者介绍

於梨华，华裔美国作家。

代表作有《又见棕榈，又见棕榈》，并著有《也是秋天》《梦回青河》《会场现形记》等。

一、亲　　情

十载旅居国外，淡忘了旧日做女儿、做学生时的逍遥自在。也淡忘了旧时的"为赋新词强说愁"。不能淡忘，更无法摆脱的是思亲之情。不但不能摆脱，而且与日俱增。但是千里迢迢，飞出去的鸟也有了自己的窝。于是，思忆带了梦的色彩，省亲之念也似梦一般的遥远。及至梦成了真，人也喜得有些痴呆，不知是梦还是真了。

倦鸟终于归巢，然而巢中景物皆非。母亲两鬓已有白发，父

亲亦无昔日的豪迈。妹妹已嫁，属她自己的家，待我如客。我还失落了童稚的弟弟，因为他们皆已长大，在他们自己的天地中，找寻他们自己的爱情与梦，各自躲在他们与她们编织的网中，我试着走近他们，他们忙忙的退缩，似乎在说："请不要啰唆，我们已不需你的照顾。"他们怎能知道，我会对他们渴念10年，现在只要他们抛开一切，与我共聚数天，接起断了的线，与我共忆10年前，我们都还依恋在巢中的那段息息相关的手足之情。我想捉住的，只是现在，而他们则急于迎接未来。一似当年的我，拍翅飞去，毫不留恋。他们怎能知道，最温暖、最值留恋的生活，即是活在双亲的身边？

像两只知事的老鸟，双亲把家移到荒漠的乡下。屋外是静寂的田径，屋内草地一片，没有孩童的嬉游，也没有年轻人的脚步。草地中有一小池，池水轻泣，是唯一打破寂寥的声音。屋内挂满了照片，照片中有父亲往日的事业，今日亦成夕阳余晖，无法照亮空屋里满满的落寞。照片中有我们的童年，童年一去不返。我放下行囊，停留下来，重拾被抛下了10载的女儿的梦。白天，母亲为我劳碌，试着填满我在异国10年来被忽略的食欲；夜晚，我们对坐空屋，我带着伤感，描述旅居海外的生活，试着将它连到旧时的日子。但是在静僻的乡下，听着门外的喷池轻溅，面对双亲的落寞与安详，那串充满了挣扎的日子显得遥远而陌生，以致我怀疑自己是否在陌生的世界里，消度过10年？怀疑自己曾否离开过双亲的羽翼？因为，重依膝下，我几乎恢复了当年的逍遥自在，我几乎可以将10年像一张日历似的断然撕去而完全忘却。

但也仅是几乎而已。重聚后，是狂欢，狂欢后，是细细的喜悦，喜悦后面则是黎明一般的宁静，宁静中，我观察，并感受，一切都与以往不同。

母亲难免悬念在巢外飞翔的群鸟，父亲常忆昔日的豪情壮志而悒然，而我亦无法不缅怀未被携同的情愫。因此，寂寞会骤然来到挂满了往时欢笑的空屋，我会骤然觉得，我仅是一个带着疲乏的远客，在此暂停行脚，当秋风来时，我将重新负起行囊，再向寂寞的人生探索。目前的亲情，已非往日，而仅是驿站里的甘露，瞬息即逝。

惶然，徘徊于无人的田径，凝望田径外的空旷，空旷上的苍天，是什么改变了？是我失落了什么？苍天无语，白云悠悠而去。见白云倏忽千变，我悟及人间岂有永驻的欢乐？或是不散的筵席？人间岂有永聚的伴侣？或是不逝的爱？聚散去留，何人不是客？带着迟来的恍悟，我穿过田径，奔回悄立的门庭，门庭内是殷殷亲情，我对它曾企盼10年，我为它不远千里而来，无须疑问它为何容颜已改，而该庆幸它安然存在。

二、旧　　情

他已娶，孩子已7岁。我未去看他，他也未来访我。我们相遇在人潮滚滚的街上。点点头之后，又伸手相握，旋即放开。我们窘迫地对立在街头。我环顾左右，看10年前未起的高楼，看10年前未开的马路，看10年前未有的车辆，看10年前尚不知在何处的孩童，看10年前尚是孩童的年轻人，看10年前我们走过无数次的街头，但是我就没有看他——10年前与我一起逛游的人。

他寻索了半天，问："这些年可好？"我环视左右，答："还好。你呢？"他摆开双手："还不是那样。"那样是什么样呢？我只好对他仔细观望，他没有改变多少，更未苍老，却是胖了。于是我说："你胖了，生活必定很好。"他笑笑，不知是自满，还是无可奈何。然后他说："你也仍旧，却是瘦了。"我无绪指出他的谎言，低头看了看表，抬头向他告别。

他陪我走了一段，经过我们旧日坐过的咖啡室，我驻足，他也迟缓不前，侍者为我们推门，我们无语进入黄昏的小室，找寻旧日的角落。椅垫已破，墙上的绿亦褪尽，但是盛咖啡的小杯，仍是旧时的磁青。杯内的热气，一缕缕，一丝丝，上升，散开，而终于不见，恰似旧时的情愫，若无却存，若存而无。

虽未说什么，却坐了很久，出来时黄昏已逝，一街尽是夜色。白日抑压着的千头万绪，皆在黑夜的朦胧中，散发开来。他不忍即刻辞去，我也无意道别。于是，我们踏上老牛似的喘息着的公共汽车——没有比10年前更旧，也没有较10年前为新的黄色大车——一直坐回我们读了4年、给了我们4年幸福的学校。学校景物未改，虽有新起的建筑，虽有新修的路，但是它们并未遮盖住被我们坐过、站过、爱过的角落。还是那条通往钟楼的碎石小路，我们曾有多少次，走过、骑车，或是闲闲的踢着小石子。路未改，改的是我脚上的鞋，是尖尖的高跟，不是灰白的球鞋。他伸手挽住，我触及他的戒指，那份由夜色带来的旧情由指缝间流去。

女生宿舍立在昏暗的路灯边，对面是一排树林。我走时它们仅是幼苗，如今竟是一片绿荫。我不由自主地忆起他站在楼前等待我的情形。他推开小木矮门，步到旧时他爱站的地方。我独留暗处，与他一起回忆。他抬头望那排稍带陈旧的栏杆，栏杆后传来年轻的笑声。10年了，高楼里换了多少次新的、年轻的脸！凭借他与我，纵使能唤回旧时的事，旧时的情却是属于旧事的，好似去年的蝴蝶，永远逝去。

我说："走吧，晚上。"他默默回到我身旁。我拉起他的手，踩着碎石小路，走出校门，走出回忆，走出旧时的甜甜蜜蜜。一对年轻男女，骑车过去，男的一角围巾，女的一缕长发，飘在后面，自由得像并飞的飘逸的纸鸢。自由曾属于我们，如今则属于他们，而我们则必需牢牢地站在地面，不仅是为自己，也为与自己有关的别人。

我们仍搭上苍老的公共汽车，他搭他的，我坐上另一辆，开往我们各自的家。

（选自《飘零何处归》）

人们是彼此为了对方而存在的

[古罗马] 马可·奥勒留 著　何怀宏 译

作者介绍

马可·奥勒留,罗马帝国五贤帝时代最后一个皇帝。代表作有《沉思录》。

不同的事物使不同的人欢乐,我的欢乐则是使支配能力健全同时又不脱离任何人或对人们发生的任何事情,而只是以欢迎的眼光看待和接受一切,根据其价值运用每一事物。

注意你要对自己保证这一现在的时刻,因为那些宁愿追求死后名声的人没有想到:后来的人将跟那些现在他们不记得了的人一样,两者都有一死。那么以后这些人对你是否说这种或那种话,对你有这种或那种意见,于你又有什么关系呢?

带我去你将要去的地方吧,因为在那儿我将使我心中神圣的部分保持宁静,换言之,如果它能按照它恰当的结构感觉和行动,它将是满足的。我的灵魂为什么要变得比过去不幸、恶劣、沮丧、自大、畏缩和恐惧呢？这种变化难道有什么充足的理由吗？你能为它找到这种充足的理由吗？

没有什么不属人的事情能够从人发生；没有什么不符合一头公牛本性的事情从一头公牛发生；没有什么不符合一棵葡萄树本性的事情从一棵葡萄树发生；没有什么不适合于一块石头的事情从一块石头发生。那么如果从每一事物发生的事情都是平常和自然的，你为什么要抱怨呢？因为共同的本性带来的事情，没有不是由你所生的。

如果你因什么外在的事物而感到痛苦，打扰你的不是这一事物，而是你自己对它的判断。而现在清除这一判断是在你的力量范围之内。但如果在你自己的意向里有什么东西给你痛苦，那么谁阻止你改正你的意见呢？即使你是因为没有做某件你觉得是正当的事情而感到痛苦，你为什么不宁可去做这件事而不要抱怨呢？——但有一个不可逾越的障碍横亘在前吗？——那么不要为此悲哀，因为不做这件事的原因是不以你为转移的。——但如果不能做到这件事的话，活着就是无价值的呢？——那么就满意地放弃你的生命吧，正像那充分活动过的人死去一样，也对作为障碍的事物感到欢喜。

记住：你的支配部分是不可征服的，如果它不做任何非它所愿的事情，即使它是出于纯粹的顽强而进行抵制的，那么当它自我镇定时，它也是满足于自身的。但是，如果它通过理性和审慎的援助形成对事物的一种判断时，它又将怎样呢？所以，那摆脱了激情的心灵就是一座堡垒，因为人再没有什么比这更安全的比方可以使他得到庇护，在此静候将来。这一堡垒是不可摧毁的。而不知道这一点的人就是一个无知的人，知道这一点却不飞向这

人们是彼此为了对方而存在的

一庇护所的人则是不幸的人。

除了最初的现象所报告的，不要再对自己说什么。假设有人报告你说某个人说你的坏话，这个消息被报告了，但你并没有受到损害，并没有你受到损害的报告。我看到我的孩子生病了，我看到了，但我并没有看到他是在危险之中。如此始终听从最初的现象，不从内心对你增加任何东西，那么就没有什么对你发生了。或宁可像一个知道世界上发生的一切事情的人一样增加某种东西。

这只黄瓜是苦的。——那就扔掉它。——道路上有荆棘。——那就避开它。这就够了。不要再增加什么，问为什么这世界上有这种东西啊？因为你将被一个熟悉自然的人嘲笑，正像如果你在木匠和鞋匠的铺子里因发现刨花和碎料而挑剔他们时遭到他们嘲笑一样。但他们还是有投放这些刨花和碎料的地方，而宇宙的本性却没有这种外部的空地，但她的艺术中最奇妙的部分就在于虽然她限定了自身，她却能把她内部看来是腐朽、衰老、无用的一切东西转变为自身，从这些东西中重新创造出新的同样东西，以致她不需要任何从外面来的实体，也不需要一个她可以投放腐烂东西的地方。所以她是满足于她自己的空间、她自己的质料和她自己的艺术的。

你的行动不要迟缓呆滞，你的谈话不要缺乏条理，你的思想不要漫无秩序，不要让你的灵魂产生内部的纷纭和向外的迸发，也不要在生活中如此忙碌以致没有闲暇。

假设人们杀死你，把你切为碎片，诅咒你。那么这些事情怎么能阻止你的心灵保持纯净、明智、清醒和公正呢？例如，如果一个人站在一泓清澈纯净的泉边诅咒它，这清泉决不会停止冒出可饮用的泉水，如果这个人竟然把泥土或垃圾投入其中，清泉也将迅速地冲散它们，洗涤它们，而不会遭到污染。那么作为拥有一种永恒的泉水而不仅仅是一口井的你将怎样呢？要每时每刻地塑造你自己，达到与满足、朴素和谦虚结为一体的自由。

那不知道世界是什么的人，也不知道他自己在哪里。那不知道世界为什么目的存在的人，也不知道他自己是谁，不知道世界是什么。而对这些事一无所知的人甚至不能说他自己是为什么目的而存在的。那么你怎样想那避免或寻求喝彩和称赞的人呢，怎样想那些不知道他们在哪里或他们是谁的人们呢？

你希望得到一个每小时谴责他自己三次的人的赞扬吗？你希望取悦于一个对自己也感到不悦的人吗？一个后悔他做过的几乎一切事情的人会对自己感到欣悦吗？

不要再仅仅让你的呼吸和围绕着你的空气和谐一致，现在还要让你的理智也和那包括所有事物的理智和谐一致。因为理智力对于愿意利用它的人来说，就跟大气对于能够呼吸它的人一样，也是分布于所有部分和浸淫于所有事物的。

一般来说，恶全然不损害到宇宙，特别是，一个人的恶并不损害到另一个人。它仅仅损害这样的人——即只要他愿意，就可以拥有摆脱恶的力量的人。

我的邻人的自由意志对于我自己的自由意志来说，正像他可悦的呼吸和肉体一样于我是漠不相关的。因为虽然我们是被专门造出来互相合作的，我们每个人的支配力还是有着自己的活动空间，因为否则的话我的邻人的恶就会损害到我了，而神并没有如此意欲以致我们的不幸也可以互相影响。

阳光看来在照射下来，它的确是分布到所有方向，但它并不是流溢。因为这种分布是扩展；因而它的光线就叫作扩展，因为它们是被扩展的。如果一个人注意阳光通过一个狭口进入一个黑暗的房间，他就可以判断出一条光线是一种什么事物，因为它笔直地伸展，当它遇到任何挡住它去路和切断空气的固体时，它可以说是被隔开了，但是光仍然在那里保持着稳定，并不滑动或缩小。那么理解力也应当如此照射和分布，它不应当是一种流溢，而是一种扩展，它不应对挡住它去路的障碍做任何激烈的冲撞，同时也不畏缩，而是稳定地照亮那接受它的东西。因为一个物体不接受它的话，它就得不到光亮。

害怕死亡的人或者是害怕感觉的丧失，或者是害怕一种不同的感觉。但如果你将没有感觉，你也将感觉不到损害；如果你将获得另一种感觉，你将是一种不同的生物，将不停止生命。

人们是彼此为了对方而存在的，那么教导他们，容忍他们。

一支箭以这种方式运动，心灵以另一种方式运动。的确，当心灵谨慎地活动或致力于探究时，它以一条直线向其目标运动。

洞察每个人的支配能力；也让所有其他的人洞察你的支配能力。

（选自《沉思录》）

我的世界观

[美] 爱因斯坦 著 许良英等 译

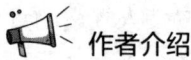作者介绍

阿尔伯特·爱因斯坦，美国物理学家、思想家、哲学家。代表作有《论动体的电动力学》《广义相对论的基础》等。

我们这些总有一死的人的命运多么奇特！我们每个人在这个世界上都只作一个短暂的逗留；目的何在，却无从知道，尽管有时自以为对此若有所感。但是，不必深思，只要从日常生活就可以明白：人是为别人而生存的——首先是为那样一些人，我们的幸福全部依赖于他们的喜悦和健康；其次是为许多我们所不认识的人，他们的命运通过同情的纽带同我们密切结合在一起。我每天上百次地提醒自己：我的精神生活和物质生活都是以别人（包括生者和死者）的劳动为基础的，我必须尽力以同样的分量来报偿我所领受了的和至今还在领受的东西。我强烈地向往着俭朴的生活。并且时常发觉自己占用了同胞的过多劳动而难以忍受。我

认为阶级的区分是不合理的，它最后所凭借的是以暴力为根据。我也相信，简单淳朴的生活，无论在身体上还是在精神上，对每个人都是有益的。

我完全不相信人类会有那种在哲学意义上的自由。每一个人的行为不仅受着外界的强制，而且要适应内在的必然。叔本华说："人虽然能够做他所想做的，但不能要他所想要的。"这句格言从我青年时代起就给了我真正的启示；在我自己和别人的生活面临困难的时候，它总是使我们得到安慰，并且是宽容的持续不断的源泉。这种体会可以宽大为怀地减轻那种容易使人气馁的责任感，也可以防止我们过于严肃的对待自己和别人；它导致一种特别给幽默以应有地位的人生观。

要追究一个人自己或一切生物生存的意义或目的，从客观的观点看来，我总觉得是愚蠢可笑的。可是每个人都有一些理想，这些理想决定着他的努力和判断的方向。就在这个意义上，我从来不把安逸和享乐看作生活目的本身——我把这种伦理基础叫作猪栏的理想。照亮我的道路，是善、美和真。要是没有志同道合者之间的亲切感情，要不是全神贯注于客观世界——那个在艺术和科学工作领域里永远达不到的对象，那么在我看来，生活就会是空虚的。我总觉得，人们所努力追求的庸俗目标——财产、虚荣、奢侈的生活——都是可鄙的。

我有强烈的社会正义感和社会责任感，但我又明显地缺乏与别人和社会直接接触的要求，这两者总是形成古怪的对照。我实在是一个"孤独的旅客"，我未曾全心全意地属于我的国家、我的家庭、我的朋友，甚至我最为接近的亲人；在所有这些关系面前，我总是感觉到一定距离而且需要保持孤独——而这种感受正与年俱增。人们会清楚地发觉，同别人的相互了解和协调一致是有限度的，但这不值得惋惜。无疑，这样的人在某种程度上会失去他的天真无邪和无忧无虑的心境；但另一方面，他却能够在很大程度上不为别人的意见、习惯和判断所左右，并且能够避免那种把他的内心平衡建立在这样一些不可靠的基础之上的诱惑。

我的政治理想是民主政体。让每一个人都作为个人而受到尊重，而不让任何人成为被崇拜的偶像。我自己一直受到同代人的过分的赞扬和尊敬，这不是由于我自己的过错，也不是由于我自己的功劳，而实在是一种命运的嘲弄。其原因大概在于人们有一种愿望，想理解我以自己的微薄绵力，通过不断的斗争所获得的少数几个观念，而这种愿望有很多人却未能实现。我完全明白，一个组织要实现它的目的，就必须有一个人去思考、去指挥、并且全面担负起责任来。但是被领导的人不应当受到强迫，他们必须能够选择自己的领袖。在我看来，强迫的专制制度很快就会腐化堕落。因为暴力所招引来的总是一些品德低劣的人，而且我相信，天才的暴君总是由无赖来继承的，这是一条千古不易的规律。就是由于这个缘故，我总强烈地反对今天在意大利和俄国所见到的那种制度。像欧洲今天所存在的情况，已使得民主形式受到怀疑，这不能归咎于民主原则本身，而是由于政府的不稳定和选举制度中与个人无关的特征。我相信美国在这方面已经找到了正确的道路。他们选出了一个任期足够长的总统，他有充分的权力来真正履行他的职责。另一方面，在德国政治制度中，为我所看重的是它为救济患病或贫困的人作出了可贵的广泛的规定。在人生的丰富多彩的表演中，我觉得真正可贵的，不是政治上的国家,而是有创造性的、有感情的个人,是人格;只有个人才能创造出高尚的和卓越的东西,而群众本身在思想上总是迟钝的,在感觉上也总是迟钝的。

讲到这里,我想起了群众生活中最坏的一种表现,那就是使我厌恶的军事制度。一个人能够洋洋得意地随着军乐队在四列纵队里行进,单凭这一点就足以使我对他鄙夷不屑。他所以长了一个大脑,只是出于误会;光是骨髓就可满足他的全部需要了。文明的这种罪恶的渊薮,应当尽快加以消灭。任人支配的英雄主义、冷酷无情的暴行,以及在爱国主义名义下的一切可恶的胡闹,所有这些都使我深恶痛绝!在我看来,战争是多么卑鄙、下流!我宁愿被千刀万剐,也不愿参与这种可憎的勾当。尽管如此,我对人类的评价还是十分高的,我相信,要是人民的健康感情没有遭到那些通过学校和报纸而起作用的商业利益和政治利益的蓄意败坏,那么战争这个妖魔早就该绝迹了。

我们所能有的最美好的经验是奥秘的经验。它是坚守在真正艺术和真正科学发源地上的基本感情。谁要体验不到它,谁要是不再有好奇心,也不再有惊讶的感觉,谁就无异于行尸走肉,他的眼睛便是模糊不清的。就是这样奥秘的经验——虽然掺杂着恐惧——产生了宗教。我们认识到有某种为我们所不能洞察的东西存在,感觉到那种只能以其最原始的形式接近我们的心灵的最深奥的理性和最灿烂的美——正是这种认识和这种情感构成了真正的宗教感情;在这个意义上,而且也只是在这个意义上,我才是一个具有深挚的宗教感情的人。我无法想象存在这样一个上帝,它会对自己的创造物加以赏罚,会具有我们在自己身上所体验到的那种意志。我不能也不愿去想象一个人在肉体死亡以后还会继续活着；让那些脆弱的灵魂，由于恐惧或者由于可笑的唯我论，去拿这种思想当宝贝吧！我自己只求满足于生命永恒的奥秘，满足于觉察现存世界的神奇结构，窥见它的一鳞半爪，并且以诚挚的努力去领悟在自然界中显示出来的那个理性的一部分，倘若真能如此，即使只领悟其极小的一部分，我也就心满意足了。

（选自《我的世界观》）

怪物老爷

张中行

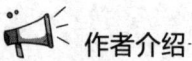作者介绍

张中行,学者、哲学家、散文家。

著有《负暄续话》《负暄三话》《禅外说禅》《文言和白话》《作文杂谈》《顺生论》《文言常识》等。

明遗民张宗子(岱)作有《五异人传》(见《琅嬛文集》),我读了不止一次。比他稍晚的张潮编《虞初新志》,收记人的文章不少,其中不乏出类拔萃、可歌可泣的,但够得上"异"字的不多。我想原因大概有两个。一是孔子说的"性相近也",人有"饮食男女,人之大欲存焉"管着,即使有孙悟空的淘气之习,也很难跳出如来佛的手心。二是间或有人想跳,或进一步真正跳了,形迹未必能够像汉朝杨王孙坚持裸葬那样显著,而世间又不大有张宗子那样的好事之人,于是就可以留名而竟至没有留名。"君子疾没世而名不称焉",真是太可惜了。为了亡羊补牢,也因

为愿意东施效颦，长时期以来，我用力从记忆中搜索，想也拼凑一篇，或者名为《后五异人传》，可是由于孤陋寡闻，竟是怎么也凑不上。不得已，只好退让，损之又损，有时想，就是找到一位也好，总可以慰情聊胜无。翻箱倒柜，最后决定拉故乡的一位来充数。与张宗子笔下的五异人比，这也许是小巫见大巫，但他有群众撑腰，即公推为"怪物"，也总当不完全是出于我个人的偏爱了。可惜的是只找到这一位，又事迹不显赫，称为"传"，有夸大之嫌，只好借他的诨名为题，曰"怪物老爷"。

且说我的家乡是个穷苦的小村，虽然离京城不很远，却连住神鬼的关帝庙和土地庙都不够气派。即以清朝晚年而论，不要说没出过范进那样的孝廉公，就连我的启蒙老师，刘阶明先生那样的诸生也没有。可是辛亥年长江一带的枪炮声震撼了神州大地，由夏禹王开始家天下的专制体制变为共和，村里也发生了大变化。科举早停了，可是出了个比孝廉公还大的人物，那是由日本士官学校毕业的，姓石名杰，不久就作了西北某军的营长，其后还升到师长。那时候不管是谁，飞黄腾达之后，都是装束是民国的，思想以及生活习惯还是皇清甚至朱明赵宋的。依照这种思想和生活习惯，这位石公也是在外娶如夫人，在家建祠堂，购置田产，并变土屋为砖瓦房。家中有弟弟两位：一胞，就是本篇的主人公怪物老爷；还有一堂，可不在话下。家务事可以从略，总之，过了些年，在外做官的石公不再来家乡，家里二位令弟独占财产，分了家，一个人砖瓦房一所，地，总有百亩上下吧。专说怪物老爷，名石侠，据说也曾受到乃兄的提携，到西北任什么职，可是不久，乃兄就发现他既懒怠又无进取心，于是量材为用，放还，在家过饭来张口的生活了。

先说这诨名的由来。怪物，意思近于"奇人"。村里人多数是文盲，少数是准文盲，不会文绉绉。如果会文绉绉，那也许就要由《庄子》那里借个古雅的，叫他"畸人"，其含意，依照《庄子》是"畸于人而侔于天"。但村里人不会同意，原因主要不是没念过《庄子》，而是认为不合于流俗就是"怪"，不管天不天。怪后加"物"，如果也根据文绉绉，待人接物，物就是人，似乎没有贬斥之意。可是村里人又不会同意，因为在他们心目中，物就是物，不能与人为伍。总之，这怪加物，是不合常规的论断加远远避开的情绪。很明显，意思是偏于贬或完全贬的。贬之后加"老爷"，尊称，为什么？原因有二：一是在村里占压倒多数的石姓家，他碰巧辈数最高，在自己一支里排行最末（家乡习惯称最后生的为老儿子或老姑娘）；二是那还是男不穿短服、女不穿高跟的时期，人不敢轻视旧传统，何况他还有较多的房地产，所以纵使道不同，也还是以礼待之。因为外重礼而内歧视，这怪物老爷的称呼就不能不带点灵活性，其表现为：背地里用全称或略去后一半，当面就藏起前一半，只用后一半。

我由二十年代中期起到外面上学，同这位怪物老爷交往不多，些微的所知，绝大部分是耳闻的。先说总的。乡村人自然都是常人，依古训或信天命，要生年不满百，常怀千岁忧，勤苦劳动，省吃俭用，以期能够，消极是不饥寒，积极是家境和子孙蒸蒸日上。怪物老爷正好相反，是只管今天，不问明天；只管自己，不问子孙。他自己的所求是什么呢？可惜我没有听过他的有关人生哲理的高论（如果有），只能说说表面现象，那非常简单，是吃得好，睡得足。这像是享乐主义或快乐主义，如汉高祖的吕后所主张，人生短促，要自求多乐。但又不尽然，因为常见于记载的声色狗马,他并不在意;还有,吕后要权,他不要。像是也不能说是利己主义,因为他虽然有杨朱的一面,拔一毛而利天下不为,却又有陈仲子的一面,一介不取于人。勉强说,或者较近于老子的"甘其食,美其服"。但也不全是,因为他只要前一半,至于服,是不美到什么程度他也不在乎。就这样,他的行径甚至思想是四不像,所以确是名副其实的怪。

怪的表现,如果巨细不遗,大概就会说不尽。所幸我知道得不多,可以只说一点点,是家门之外,市井上传为笑谈的。一种是,每天中午一定到村东一里的镇上,进饭铺去吃,据说经常是肉饼。自己买肉一斤,走入饭铺,交给铺主,照例要叮嘱一句:"多加油!我就不怕好吃。"铺主暗笑,却不能不用心做,因为都清楚他的底细,军官的老弟,有财产且肯花,尤其重要的是如他自己所说,"不怕好吃",当然就不能忍耐不好吃。一种是买点心,据卖的人说,要先掀开装点心的缸的缸盖看,如果中意,就自己一块一块往外拿,拿一块,吹一下,然后放在秤盘上。也是卖的人说,主顾成百成千,只有他有这个特权,因为他是怪物,如果一视同仁,就不能拉住这个主顾;并且,看看他那挑一块吹一下的样子也颇有意思;还有,日子长了会发现,他为人是挺好的,认真,公道,对人没有坏心。

就这样,吃,睡,不事生产,自然年年要亏损。大概是由二十年代后期起,就用卖田产的办法补亏损。零星卖,亏多少卖多少。积少成多,到四十年代后期土改时候,他闭门家中坐,福从天上来,竟取得一顶贫农的帽子。有这顶帽子,与他那位不甘其食的戴上地主帽子的堂兄相比,地位真是天渊之别了。他照样可以悠闲自在。可是田产,推想必是所余无几了;还有一件不知由他看来是喜还是忧的事,是经常为他的怪而起急的老伴先他而去。这样过了不很久,万象更新,田产,即使还有一些也不能换钱了。甘其食的办法只剩下拆房,用砖瓦木料为资本。他像是也能深思熟虑,也许家中无人为巧妇之炊也是个原因,于是他减缩,改为和尚过午不食的办法,每天只吃一顿午饭。仍到镇上饭铺去,还叮嘱"我就不怕好吃"吗?不知道。只知道为了节流,把卧在土炕上的时间拉长。不能入睡,就睁眼注视残破的纸窗,因为已经不再有人糊,他是绝不会干这类事的。总之,至少由旁观者看,他虽然能忍,总是没落了。

其时我年高的母亲还在家乡住,我有时要回去看看。到家乡,因为与这位怪人是近邻,总要去看看他。村里人告诉我一条禁戒,是他泡茶,不让不要喝,否则他就把一壶都倒掉。我注意这一点,总是因为我是稀见之客吧,他没有一点傲慢的样子,因而这一条禁戒也就无从证实。但我想,这类怪习气是不会无中生有的,为什么会这样呢?一种可能的解释是他头脑中还有雅俗之别。但他沉默寡言,——寡言,正可以证明他还是有所思,或有所见。如果竟是这样,他的所思或所见是什么呢?他不说,自然无法知道。只是有一次,他不只开了口,而且说了一句既幽默又尖刻的话,是食物艰难的时期,三几个人在街头闲谈,其中一个重述听来的话,是"不会让一个人饿死",他紧接着重复一遍,可是"一"字的声音长而重,听的人都苦笑了一下。

这证明他不是无所思,无所见。我总想知道,他的生活表现,村里人公认为怪的,是不是也来于思和见。如果竟是来于思和见,那他的思想深处,总当藏有比《红楼梦》中《好了歌》更为深沉的东西吧?如果竟是这样,那就与常人相比,他名虽然是怪物，实质也许竟是胆大的叛逆。逆什么？是逆天命。常人，绝大多数是积财货，养子孙，少数是立德、立功、立言，总之都是一切顺着；他呢，除了甘其食以外，是一切都拒而不受。这比叔本华的理论是降了一级，但叔本华只是论，他却实际做了。

到五六十年代之间，这位怪人死了。据我的小学同学石君说，是晚秋，一天晚上，他说肚子不合适，吃了一个萝卜，第二天早晨日上三竿不起来，旁人去看，早已死了。我问死前曾否说些什么，石君说，有一回闲谈，他说："没想到还剩下三间房，没吃完。"我问村里人的评论如何，石君说："都说，人家才是有福的，有就吃，不算计，刚要挨饿，死了。"我禁不住一笑，想不到家乡人不参禅，竟有了近于顿悟的摩诃般若。

（选自《张中行散文选集》）

想你，阿胡子！

黄宗英

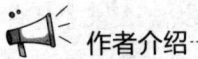

作者介绍

黄宗英，作家。

代表作有《追》《幸福狂想曲》《天空没有云》《半山半水半水窗》等。

一九八六年一月二十二日上午。

即将从内科病房转入外科病房之前夕，总感到有桩心事未了……我欠阿胡子一篇文章。阿胡子过世两年多了，全国数以百千计之影视杂志小报上，不知有否刊载过纪念阿胡子的文章？但我知道，我欠着债，心债。

想你。想侬，交交关关想侬，阿胡子，好阿胡子！（看来这篇文章只能用洋泾浜上海话来写，否则进不去规定情景，出不来人物性格。）

提起阿胡子，凡在上海滩吃过一阵子电影饭的，几乎无人不知，无人不晓。一谈到他，人们自然而然勾起几多往事旧情，回味不尽。有人说，阿胡子是老联华的，有人说，阿胡子是明星公司的，有人说，拍西洋景辰光，还没成立什么公司什么厂，阿胡子就进了电影史了；反正也从来没人顶真核对过。我有时想，他该不是一生下来就长着连腮大胡子吧。从黑乎乎的，渐渐变成灰土土的，渐渐变成白喳喳的。阿胡子仿佛从来没戴过帽子，除了拍外景有时顶个"济公活佛"式破斗笠。大概世界上没他那么大的脑袋。他仿佛从来没年轻过，所以也从来不被人想到他是渐渐地老了，何况到老还像是一头斗角的公牛。

阿胡子谈起电影界历代明星来，就像数落自家阿妹：胡蝶、人美、莉莉、小咪、莎菲、秦怡、丹凤、上官、陈冲小姑娘……辈分儿在他是无所谓的。有时，谁要点派头儿，阿胡子会当面戳穿，比方说："阿丹，侬着开裆裤辰光，我老早是电影棚里老鬼（音'举'）咪！"阿胡子傲然把大拇哥一翘，赵丹也就神气不起来了。一般地说，赵丹也从不在阿胡子这等人面前耍派头儿的，因为阿丹仿佛血缘里和阿胡子属于一派。

阿胡子究竟是何等人？场工。

场工，是做啥的？工作范围、职责如何？

我久想建议北京电影学院、北京广播学院，在讲授电影、电视专业课时，在添设制片专业系时，一定要加上"场工"这门课。十节课时四百五十分钟讲不完。影视队伍，千军固不易得，而一合格场工实更难求也。

场工，摄制场地的打杂小工。摄制场上凡是制片、导演、演员、场记、剧务、场务、摄影、录音、美工、音乐、大助理、二助理、三助理都不管的事,就都是场工包下来了。端茶、倒水、买点心、取药片不去说;景别选定,摄影机一移位,得把导演专用布椅同步移位。导演的手势左移、右摇、前推、后拉,一比划,场工立刻捡场;该拆的布景片拆去,该搬出的搬出,该抬进去的抬进去;地上该扫的扫,该喷湿的喷湿;墙上该掸的掸,该制旧抹脏的制旧抹脏……演员一走地位,哪里地不平,赶快又铲又垫。男女身高差别太大,赶快搬一行木板,一大叠一大叠旧麻袋片。镜头前,一对情侣边散步谈情说爱,必须与镜头保持等距,并不能游离焦点,滑出镜头之外;否则一切柔情蜜意等于白搭,重来。于是,在推镜头车前,赶快敲上一根合乎横竖尺码的丁字竿,在两位演员四条腿的髌骨部位予以限制。咱们不像某些国家,摄影机群围着演员转,胶片的使用根本没什么片比之说。咱们自始至今绝大多数还是用外汇进口来的,格格寸寸、分分秒秒,省工本、省时间,都得心中有数。场工身临现场,眼观四路、耳听八方,投足递手,全凭业务熟练的直觉和自觉。迷茫的晨雾,是阿胡子在开拍前点上烟把,绕场迅捷奔跑;雾厚了,导演喊:"散开点!跑快点!"薄了,导演嚷:"重来!重来!"待到:"正式,开始!"镜头板刚张嘴,阿胡子已经钻到镜头远景中谁也看不见的地方。"啪!"不能咳嗽,不能吭声,不能动一动,直到"OK!"时刻,阿胡子才涨红了脖梗钻将出来:"啊……欠,咳……咳来事吧?""再来一遍!"阿胡子又点烟:"再——来——一遍!"又举胳膊撒腿就跑。该下雨啦,阿胡子去摇晃水龙头或大喷壶。摄影机拍江边行舟,又是阿胡子下半身在水里,扛着帆布大伞:"吭唷"一声,把尖头插向护机地位的泥沙中。船长从舱门步出甲板,迎着风暴:是阿胡子爬到上头去，拎足一桶一桶水，迎着飞机螺旋桨鼓起来的风，往演员身上浇了又浇，一停机，给演员送上姜汤、防寒酒、干毛巾的，还是浑身湿漉漉的阿胡子……

最要命的，也是阿胡子最最拿手的生活把戏——是架设推拉镜头的小轨道。不论什么卵石路、青砖路、土疙瘩路，阿胡子都能以最快速度把小轨道架得经得起水平仪的测试。临到推或拉摄影小车的时候，车上坐着摄影师、助理；有时导演自己也要上去掌机。阿胡子的好戏来啦，胡子一捋，衣袖一卷，或索性脱了上衣，只穿一件漏洞风凉的汗背心，又把背心撸到奶脖上边，露出厚密的胸毛，臂膀上的凸起的青筋，两只粗手细细巧巧稳稳当当地放在车把上，顺着导演的心劲儿——对，是心劲儿，合拍的心劲儿！从不动到感觉不出的缓动，到速动，到刹然顿住。天啊，有一丝不顺导演灵感不随演员表演趋势而转换的心劲儿，导演就会嚷："阿胡子，笨蛋！哪能搞的？！慢……慢……快一眼、一眼眼、快！快！！停！！！啥人叫侬一上来发神经病？重来！"

阿胡子顺从地："重——来——！"

摄影师又喊起来："咦？咦？猪猡！阿胡子侬停在啥地方？"原来必须准确地停在车辘辘钢圈上的白粉笔点，对上轨道上的白粉笔点的地方；过一分、差一分都不行。阿胡子呢？这辰光，你骂他娘老子祖宗三代他也不还口；总归是说："有数！""晓得哉！""放心格！"直到导演大喊一声："OK！"好个阿胡子！阿胡子抹一把汗："闲话一句。"又忙别的去了。可到了收机吃饭时，他就饶不过导演了："小赤佬，侬吃过几碗导演饭？侬有几斤几两？蔡楚生先生求着我，还要叫我声好听格哩。侬个瘪三骑到阿胡子爷叔头上屙屎屙尿，罚！"我就亲眼看见他狠骂赵丹，从后脑勺上给赵丹一巴掌，不饶他："侬算狠啦阿丹，侬想拿侬爷叔哪能？添菜，开酒！对侬阿胡子爷叔道歉。堂倌，一桌添两只大盘子，蟹粉豆腐，清炒虾仁，一瓶四特曲酒。赵丹请客罗！黄宗英批准哦？"我忙举胳膊答："双手批准！——"赵丹被阿胡子骂得老开心，竹杠敲得夜里也笑醒。哪个摄制组有阿胡子，哪个组就总是闹闹猛猛的。阴天落雨等太阳，拍不成外景，阿胡子就上山挖笋子、采蘑菇。抓刺猬，用泥巴糊了，架起火来烤着吃。捕青蛙、用箩筐扣麻雀，都拿手得很，有二两酒下肚，说古论今，一肚子影城轶事：啥人精灵，啥人憨大；啥人厚道，啥人假正经……一本账清清爽爽。

我记忆犹新的是摄影棚外一个"小镜头"。"文革"中，我的罪名是"反革命修正主义黑干将"，罪状主要是："下生活是假的。"是真是假劳动中看看嘛。连挑长担三天我不戴护肩，耘稻四天我不知腰疼。那天，我正等挑猪榭。只见愣头造反恶作剧者死命往我畚箕里添猪肥，我不动声色。心想：又不是特制的畚箕，装得再满连稻草不过百十斤。我起担，后担一动不动。我一回头，见一铁铬扣住我畚箕正往外扒猪榭，我顺铁铬头及柄把望去，啊，是阿胡子无表情的脸。我抿嘴错了错重心，挑起担子不吭一声走了。心脏激动得怦怦作响。人啊，受得起世间种种不公正，而犹能刚强故我；却受不了人间半点情义，使我腿软心酸。

赵丹又一次被阿胡子打脑勺，是在刚刚粉碎"四人帮"之后的某一天，忽然传闻茂名南路威海路街头上出现署名"赵丹"的大字报：《我的揭发和交代》。内容是承认和"四人帮"有什么瓜瓜葛葛。赵丹气得火冒三丈，目眦俱裂："特务干的！临死还搅浑水借刀灭口！老子拼啦！！"我拦他："你找谁拼？"又赶忙让小儿子挎上照相机骑车去拍，"大字报"已被覆贴，不见痕迹了。这件事，也就在欢庆的浪花中忘却。直到全市各界上街大游行那天：赵丹一早就以一笔好书法，写了几十张、上百张标语、小旗、横幅，自己扛了个"打倒四人帮"的旗帜儿，买了面包，兴冲冲边走边唱，准备随大队出发。猛孤丁后脑勺上挨了一巴掌，面包也在踉跄中掉在地上，只见阿胡子虎起面孔："阿丹，侬死勿脱啦？侬勿要活啦？关侬五年白白里关啦？关不死你，游行辰光要是有个坏蛋喊一声，把你冤枉敲死，跟啥人讲道理去？！聪明面孔笨肚肠……回去，啥地方也不要一个人去，晓得哦，赤佬！"赵丹被骂得服服帖帖。虽然，以后，厄运并没饶过赵丹。

阿丹亡后，一天，我在马路上，迎面碰到阿胡子，他叫住我，有生以来第一次握住我的手，嗫嗫地："宗英啊，自家有辰光也要心疼点自家……"我抽出手来，朝他前胸捶了一记："勿要讲！不许讲！阿胡子，有空来吃老酒。"唉，我若不捶他，就只有扑在他身上痛哭了。他立即转换情绪："家里有重生活打只电话来，大闸蟹买好！"

一年以前吧，听说阿胡子死了，早就死在外景地山头了，我诧异地说："怎么可能呢？酒喝多了？血压高？……他一直很健壮。"告诉我的人说，是吃野蘑菇中毒死的。别人都采取措施解了毒，他不肯。"老子哪座山的蘑菇没吃过！老子从来没有吃出毛病过！毒得死阿胡子的蘑菇还没生出来！"待抢救时，已经来不及了。现在电影厂出外拍景，已经绝对禁止吃蘑菇了。

"阿胡子死了，真可惜……"

"唉，要是阿胡子在……"

"这场面,有阿胡子省心多了……"

阿胡子姓甚名谁?我问过他吗?阿丹知道吗?是啊,仿佛演职员表上也没场工的姓名。但阿胡子在中国电影史上,是确确凿凿的有功之臣。

如今,我担任了一家小小公司的总经理,有一个小小的影视部门,有一支又一支小小的摄制组,活动在荒山峻岭、森林、海洋、古城、新地……我想你,想依,阿胡子,好阿胡子!

魂兮归来吧,好阿胡子!今天新的影视业需要你,需要一切懂得专业、热爱专业的一帅一将、一兵一卒、千里之驹、无名之勇!

(选自1986年3月14日《人民日报》)

因小失大

[美] 富兰克林 著 曹 聪 译

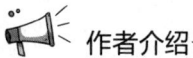 作者介绍

本杰明·富兰克林,科学家、政治家、外交家、哲学家、文学家。

代表作有《穷查理年鉴》《富兰克林自传》等。

那时,我是个七岁的孩子。在一个假日里,同伴们往我口袋里装满了铜板。我立即向儿童玩具店跑去。路上,我瞧见别的孩子手里拿着哨子,哨子吹出的声音把我迷住了。我就把铜板统统掏出来,换了一只哨子。我回到家里,一蹦三跳地吹着哨子跑遍全屋,为此颇感得意,不想妨碍了一家人。我把买哨子所付的钱告诉兄姐和堂哥堂姐时,他们说,我付了四个哨子的钱,还对我说,多付的钱本来可以买许多好玩的东西,他们取笑我做了件蠢事,把我气恼得哭了起来。甚至一想到这件事,我所感到的羞辱,超过哨子带给我的乐趣。

然而，这件事一直印在我的脑际，后来对我颇有益处。每当别人引诱我去买一些我用不着的东西时，我常常告诫自己，"别对哨子花太多的钱"，我把钱省了下来。及至长大成人，来到大千世界，观察人的一举一动，我想，我遇到了许许多多"对哨子付出了太多的钱"的人。有的人渴望得到宫廷的青睐，把时间浪费在宫廷会议上，放弃休息、自由、美德甚至朋友相求，我认为，"这种人对他的哨子付了过高的代价"。有的人争名夺利，时常参与政事，忽视自己的本职工作，最后因此而堕落，我认为，"这种人对他的哨子付出的代价实在太高"。

有的守财奴为了敛财致富，不惜置一切舒适、一切与人为善的快乐、别人对他的尊敬和友谊的欢乐于不顾，我说，"可怜的人啊，你为你的哨子付出了过高的代价"。专事寻欢作乐的人，不努力提高自己的志向或社会地位，忽视健康，只沉溺于眼前的良辰美景，我说，"错了，你这样做适得其反，在自找苦吃；你对你的哨子付出了过高的代价"。有的人热衷于修饰仪表，讲究衣着，欲置备美轮美奂的住宅、精雕细琢的家具和富丽堂皇的马车又力所不能及，结果债台高筑，"哎呀"，我感叹道，"他对他的哨子付出了太高太高的代价"。总而言之，人类一切痛苦之事，大都由于对事情的错误估价，亦即"对他们的哨子付出过高的代价"——因小失大。

(选自《外国散文三百篇》(卷一))

尽善尽美

［法］奥里森·马尔腾　著　林语堂　译

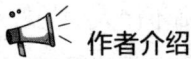作者介绍

　　奥里森·马尔腾，20世纪初美国著名的成功学奠基人和最伟大的成功励志导师之一。

　　20世纪30年代，文学大师林语堂博士亲自选编翻译马尔腾的代表作《效率的训练》和《人人都是强者》，并结集在国内出版，给当时的青年以巨大的影响和激励。

　　有千万个人因为自小养成了轻视与忽略工作的习惯，及对于工作，抱"马马虎虎"敷衍苟且的态度，遂至终身伏处下层，不能抬头向上。

　　最近我在某大机关中，看见悬示格言，很生感触。那格言是："我此地，一切都求尽善尽美。""尽善尽美"这真值得做我们每人的终生格言！假使每人都能采用这格言，实行这格言，而决意不论做什么事，都要尽至善之努力，以求得至美的结果，人

类幸福,正不知要增进多少啊!

人类的历史,就充满了为那些工作不可靠、不忠实的人们的苟且,与不小心而所造成的种种惨剧。不久以前,潘尼薛维亚州的奥斯丁地方,有一个镇完全淹没,损失了许多的生命。就因为堤岸的工程建筑得苟且而不忠实,不能履行原订的计划的缘故。

工作不谨慎,不认真,处处可以造成悲惨的结局。无数手足残废的人,都在告诉我们,那是人们工作不认真与不小心的结果。

假使人们工作时都能尽心尽力,求其彻底,则不但人们的枉死的数目可以大大地减少,而且我们的品格,也会因此而提高。

做事苟且贪懒,这种习惯一朝养成,可以使那人的品格大受影响。他将在一切事上,要不忠实起来。凡是轻视自己的工作的人,即是轻视自己品格的人。苟且而不可靠的工作,代表着,构成的,苟且不可靠的人格。在你的手中,每做出一件苟且而劣等的工作,都足以损害你的效率,你的办事能力,你的人格。苟且而劣等的工作,对于你的自尊心与最高理想,是一种污辱。它是足以拖陷着你不得向上的仇敌。

事无大小,每做一事,总要竭尽心力,求其完美,这是成功的人的一种标记。凡是出人头地的青年,都是那些事不肯自安于"尚可",或"近似",而必求尽善尽美的青年。为世界人类创立新标准,新理想,而撑着进步之旗帜的,也就是这一类人!在他们的天性中,有着尽善尽美的要求的人!

有人说:"无知与轻忽,所造成的祸害,不相上下。"有许多青年人的失败,就在这"轻忽"的一点上。他们所做的工作,从来不会是绝对可靠,绝对正确,他们的工作,总需要他人的审查、校正。这样的人，永远不会升到优异的位置上。

在日常职务上，对于那些寻常的、微小的工作，忠实地执行，这就是使我们渐渐地走上高等地位的阶石。我们日常所做的事务，可以导我们入于"上升"之门。然而多数的青年都见不及此。

青年人往往念念不忘的要想找到高的位置、大的机会，以使自己有"用武"的机会。他们会对自己这样的说："我现在的枯燥、机械的职务，平凡、渺小的工作，有什么道理呢？那真是不足为奇呀！"但是出人头地的青年，却能在简单的职务中，看出与造成大机会来；在寻常的情景下，卑微的位置上，看出与造成不寻常的机遇来。在做事时，只要你能常比一般普通人做得更为良好，更为敏捷，更为精确，更为可靠，更为整齐些，更能花样翻新，随机应变些，你自然能引起在上者的注意，而使你步步上升了。不管你的薪资是怎样的菲薄，但你不能为了那个缘故，对于工作，稍存一丝苟且或不尽力的念头。你在每做完一件工作时，应该有勇气对自己这样说："对于这件工作，我可以问心无愧。我不但是做到'还好'，而是在我能力范围以内的'最好'！对于这件工作，我能够经得起任何人的评判。"

"彻底"的精神，是一切成功的人的特征。伟大、成功的人们之所以成功，所以伟大，就在他们做事时不殚精详、秋毫必察的精神。许多青年人的毛病，就在"不彻底"。他们对工作、事业，不想求其尽善尽美，却要想得到最良好的结果，那自然是不可能的。

狄更斯非至预备充分时，不能在公众前读他的作品。在未曾当众宣读以前，他要每天把那篇选定的文字，诵习一遍，这样

的，要经过六个月之久。

　　法国的大小说家巴尔扎克（Balzac）有时费一星期的工夫，而只写成一页的稿纸。然而他的声誉，远非近代的一般时髦作家所能企及。

　　许多人对于职务、工作的苟且、潦草，都借口是时间不够。但这是不对的。在我们的日常生活中，时间尽够我们好好地做事。假使我们做事，都有求尽善尽美的习惯，则我们的生命，一定能变为更完满快乐；而天下拥有美满生活的人，将大大地超过只拥有残缺的生活的人了。

　　达到最高处！攀登最高峰！从事任何事业，做任何工作，我们都应抱这样的态度。

（选自《励志文集》）

永不道别

[美] 威廉·C. 博伊尔斯 著 邓明生 译

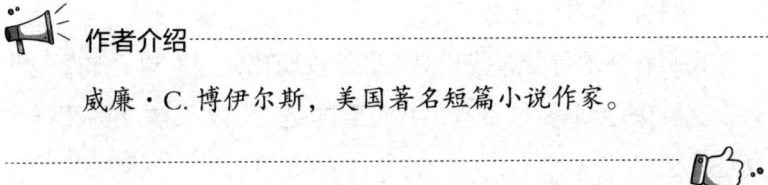

作者介绍

威廉·C. 博伊尔斯,美国著名短篇小说作家。

我那年才十岁,却陡然陷入了极度痛苦之中,因为我即将远离熟悉的家乡。尽管我还年幼,但这短暂的时光中的每时每刻都是在这个古老而庞大的家族中度过的,这里凝聚着四代人的欢乐与苦楚。

最后的一天终于来临了。我一个人偷偷地跑到我的避难所——那个带顶棚的游廊,独自悄悄地坐着,身子不断地抽动,伤心的泪水如泉水一般直往外流。突然间,我感到一只大手在轻轻地抚摸着我的肩膀,抬头一看,原来是爷爷。"不好受吧,比利。"他问道,随后坐在我旁边的石级上。

"爷爷,"我擦着泪汪汪的眼睛问道,"这可让我怎么向您和我的小伙伴们道别呀?"

他盯着远处的苹果树,静静地望了好一会儿,说道:"再见这个字眼太令人伤感了,好像是永别一般,而且还过于冷漠。看起来似乎我们有许许多多道别的方式,但都离不开'悲伤'这两个字。"

我依然直直地盯着他的脸,他却慢慢地把我的小手放到他那双大手之中,轻声说道:"跟我来,小家伙。"

我们手牵着手,来到前院,这是他最为珍爱的地方,那里长着一株巨大的红色玫瑰树。

"比利,你看到什么了?"

我眼睁睁地看着这些开得正旺的玫瑰花,心里却不知说些什么,就冒失地回答:"爷爷,我见到的是又轻柔又漂亮的花呀!真是美极了!"

他屈膝跪了下来,把我拉到他身边,说:"的确美极了。但这不仅仅是玫瑰本身美,比利,更重要的是你心目中那块特殊领地才使得它们这样美。"

他与我的视线相遇了。"比利,这些玫瑰是我很久很久以前种下的,那时你妈妈甚至还不知在哪儿呢。我的大孩子出生那天,我栽下了这些玫瑰,这是我对上帝感恩的一种特殊方式。那孩子和你一样,也叫比利,过去我常常看着他摘那些花,献给他妈妈……"

爷爷已是老泪纵横了(在这以前,我还未见他流过泪呢),声音也随之哽咽了。

"一天,可怕的战争终于爆发了,我儿子和其他许许多多人的孩子一道远离家乡去前线。我和他一道步行,到了火车站……十个月过去了,我收到了一份电报,原来比利已在意大利的一个小村庄牺牲了。我所能记起的一切就是他一生中与我最后说的话就是'再见'。"

爷爷缓缓地站起来："比利，今后永远不要说再见。千万不要为世上的悲哀与孤独缠绕。相反，我倒希望你能记住第一次对朋友问候时那种幸福愉快之情。把这个不同寻常的问好牢牢铭刻在心中，就如太阳常在一起，暖烘烘的。当你和朋友们分离时，想远一些，特别是记住第一次问好。"

一年半过去了，爷爷重病缠身，生命垂危。几个星期从医院回来后，他又选择了靠窗那张床，以便能看到他所珍爱的玫瑰树。

一天，家里人都被召集到一块来了，我又回到了这幢旧房子里。按常规，长孙也有与祖父告别的机会。

轮到我了，我注意到爷爷已是疲倦不堪，眼睛紧闭，呼吸缓慢而且沉重。

我轻松地握着他的手，正如当初他拉着我的手一样。

"您好，爷爷。"我轻轻地向他问候，他的眼睛缓缓地睁开了。

"你好，我的朋友。"他说道，脸上掠过一丝微笑，眼睛又闭上了。我赶紧离开了。

我静静地伫立在玫瑰树旁边，这时，我叔叔走过来告诉我爷爷过世了。我不由得又想起爷爷的话和形成我们友谊的那种特殊感情。突然间，我真正领悟出他说永不道别和不必悲哀的真正含义。

（选自《品外国散文》）

铁 匠

[法]左 拉 著 张英伦 译

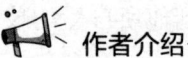
作者介绍

左拉,法国批判现实主义作家。

著有《鲁贡玛卡一家人的自然史和社会史》《娜娜》《萌芽》《金钱》等。

铁匠是个大个儿,当地首屈一指的大个儿,两个肩头长满了肌肉疙瘩,面孔和臂膀被炉火和锤子迸射的铁屑炽染得黝黑。他脑门方方的,一簇乱蓬蓬浓黑的头发下面,生着一双孩子气的蓝色大眼睛,钢一样明亮。他颌骨宽大,发出笑声和喘息声来,就像他那巨大的风箱在狂吹和呼啸;当他以力气十足的姿态抡起臂膀——这是他常年在铁砧旁边劳动养成的习惯动作——他简直不像是年过五旬的人;他能举起绰号叫"小姐"的25斤重的铁锤,挥舞着这厉害无比的"姑娘",从维农直走到卢昂。

我跟铁匠在一起住了一年。这是我病后休养的一年。原来我身心憔悴，我离开了家，走呀，走呀，想找一个能够安安静静地工作的地方，以便恢复自己的精力。就这样，一天黄昏，我在旅途上错过了村子，却远远望见一个铁匠铺，火光熊熊，孤零零地坐落在两条大路交叉点的路旁。从敞开的大门里射出来的火光是那么灿烂辉煌，宛如十字路口燃起一堆篝火；对面沿溪边的一行白杨树，也像火把一样冒着青烟。在黄昏的微晖中，铁锤有节奏的响声传得老远老远，如同某个铁骑兵团在逐渐接近地驰骋而来。过了一会儿，我就在那敞开的门前，在强烈的火光里，在震耳欲聋的响声里，在滚雷般的震动里，停了下来。看到人的双手把烧红了的铁杆卷曲、伸直的这幅劳动场面，我已经感到幸福和快慰。

　　这个秋天的傍晚，我第一次看到铁匠。他正在打一片铁铧，他敞着怀，露出粗壮的胸脯，每呼吸一下，肋部便显现出久经锻炼的钢筋铁骨般的肋条。他身子向前一倾，猛地一下，把铁锤抡下来，就这样，片刻不停地、灵便而持续地晃动着身体，肌肉紧张而有力地伸展收缩；铁锤按照一个有规则的圆圈环转，迸起点点火星，留下条条光尾。铁匠就这样挥舞着"小姐"；而他的儿子，一个20来岁的小伙子，则用钳子夹住烧红的铁块，从另一面敲打，发出轻微的响声，被老头子手里那"小姐"的令人眼花缭乱的舞蹈声所淹没。笃，笃——笃，笃——犹如母亲庄严的声音，在鼓励婴儿咿呀学语。"小姐"不停地舞蹈，抖动着裙衣上的钻石，她每次跳落在铁砧上，便在犁铧上留下一个脚印。一股血红的火焰一直飞溅到地面，照亮了两个工人的魁梧的身躯，把他们的高大的身影投射到打铁间阴暗而又乱糟糟的角落，熊熊的火光逐渐暗淡下来，铁匠停止了工作。他依然浑身黝黑地伫立在那里，手扶着铁锤的把柄，任脑门上汗珠滚滚，他擦也不擦。他的两肋还在呼扇,在他儿子慢慢推拉着的风箱的呼呼声中,我仍能听见他喘息的声音。

那天晚上,我就投宿在铁匠家里,不再离开。在打铁间上面,有一间空着的阁楼,他让我住,我就住下了。从早晨五点钟起,天还没亮,我就同主人一起干活。我被震响全屋的欢笑声唤醒(这里从早到晚都充满着巨大的欢乐)。在我的阁楼下面,铁锤已在飞舞。"小姐"把我当懒汉对待,她震动着楼上的天花板,像是硬要把我从床上拉起来。她把我那摆设了一个衣柜、一张桌子和两把椅子的破旧房间摇撼得吱吱响,催我赶快起床。我不得不起身下楼。楼下,炉火已经通红,风箱呼啸着,一堆蓝里透红的火焰从煤炭中升起,像一颗星辰在鼓吹炭火的疾风里灼灼燃烧。铁匠正在准备一天的活计。他在一个角落里搬运铁块,翻弄已经制成的耕犁,细细察看每一个铁轮。见我走下楼来,这和善的人就手叉着腰,呵呵地笑起来,大嘴直咧到耳根。能够五点钟就把我从床上吵起来,这在他是件开心的事。我认为他早晨是故意敲打铁锤的,为的是好让铁锤的可怕喧闹当我的起床铃。他把粗大的双手搭在我的肩上,就像跟一个孩子讲话似的,俯下身子对我说,自从我在他的废铁堆里生活以来,我的身体见好了。我们天天都坐在一辆翻倒在地面的破旧篷车的底板上,一块儿喝白葡萄酒。

此后,我白天大都是在铁匠铺里度过的。特别是冬季和阴雨天气,我整天都在那里。我对这种劳动着了迷。铁匠把铁块随心所欲地摆弄,这场持久的战斗像一出感人肺腑的戏剧,使我万分激动。我注视着从炉火中夹出来放在铁砧上的铁块在工人的攻无不克的努力之下像柔软的蜡一样卷曲、伸直,揉成一团,惊叹不已。犁铧做成了,我就蹲在犁铧前面,却再也认不出前一天那块奇形怪状的废铁来；我细细端详一个个零件，似乎是力大无比的手指在不借助火力的情况下把它们捏成这个样子的。有时我不禁含笑地联想起一位远远眺见过的姑娘，在我对面的窗下，整天用她那纤细的手拿黄铜丝制成一根根枝茎，再用丝绒把手工做的紫罗兰花缚在上面。

铁匠从不唉声叹气。他白天干了14个小时的活儿，晚上还总是乐滋滋的，喜笑颜开，以心满意足的神情揩着手臂。他从不感伤，从不疲倦。万一房子塌下来，他也顶得住。冬天，他说他的铁匠铺里再舒服不过了。夏天，他把门扉大开，让干草的清香随风扑进。夏天夕阳西下之际，我便走到门前，在他身旁坐下。那里正是半山腰，可以鸟瞰整个辽阔的山谷。耕过的田畴织成一望无际的地毯，消失在地平线尽头、黄昏的淡紫色的微光里。看到这幅景象，他感到非常幸福。

铁匠喜爱说笑话，他说，所有这些土地都是他的；他说，他的铁匠铺给这一带供应耕犁已经有两百多年。这是他的骄傲。没有他，什么庄稼也长不出来。平原上，五月碧绿，七月金黄，这块色彩变幻无穷的织锦有他的一份功劳。他像热爱自己的女儿一样爱庄稼，赶上出太阳的好天气，他便欢喜雀跃；看到令人发愁的乌云，他便举拳咒骂，他常常指给我看远处几块还没有他脊背大的土地，向我叙述某一年他为这块燕麦地或稞麦地造过一部耕犁。农忙季节，他有时撂下铁锤，走到路边，手遮阳光，驰目四望。他看见自己制造的无数耕犁在啃噬泥土，开出一道道垄沟，前面，左面，右面，比比皆是。耕牛冉冉地前行，像千军万马在推进。犁铧在阳光下闪烁，发出银光。他便向我招手，叫我来看看他的耕犁在做着多么"神圣的工作"。

所有这些在我的阁楼底下叮叮当当的铁材，向我的血液里注进了铁质，这比服用药房买来的药对我更有效。我习惯了这种喧闹，我需要这种铁锤与铁砧碰撞发出的音乐，从其中倾听生活的节奏。在被风箱的轰鸣弄得欢腾活跃的房间里，我的头脑恢复了健康。笃，笃——笃，笃——，这铁锤就是调节我的工作时刻的愉快的钟摆。在劳动最紧张的关头，铁匠发威了，烧红了的铁块在着了魔似的铁锤的跳跃下铿锵作响。这时，我的手腕也如同感染了一股巨大的活力，真想大笔一挥把这世界荡平。不久，当铁匠铺重归于平静，我的脑海里也便万籁俱寂；我走下楼来，看到那些被征服而还在冒烟的金属，为自己微不足道的工作深自惭愧。

啊！在午后酷热的当儿，他是多么壮美矫健！他上身直裸到腰间，肌肉突出而坚硬，犹如米开朗琪罗创作的力感极强的巨大雕像。在他身上，我发现了我们的艺术家们煞费苦心地在希腊死人的肉体上寻找的现代雕塑的线条。在我心目中，他就是因劳动而变得伟大的英雄，是我们时代的不知疲倦的儿子，是他，在烈火中用铁材锻造明天的社会。他用铁锤做游戏。当他开心取乐的时候，就抡起"小姐"，全力以赴地敲打。于是在他周围，在玫瑰色的炉火的光辉里，响起一片雷鸣。我好像听见了劳动着的人民的声息。

就在这里，在这铁匠铺里，在无数耕犁中间，我治好了懒惰和多疑的毛病。

（选自《外国散文三百篇》（卷二））

贩夫风景

钟晓阳

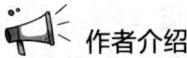 作者介绍

钟晓阳,作家。

著有《遗恨传奇》《停车暂借问》《哀歌》《流年》等。

只要是夏天,"豆腐花"的吆喝声便一路路炽炽烈烈要断不断的,坡下喊到坡顶,然后又一跌一宕地滚回去。那是个瘦瘦小小的中年人,黝黑的脸,老戴顶窄边草帽,大概喊惯了也就声如洪钟,一条线直冲九重天的高亢。每回见他总觉得真是少见的瘦,露在短裤下的腿干巴巴的,叭叭叭像鸭子的走步。

我们不常买,嫌麻烦!逢买必用家里的碗,怕他的脏,会得肝炎。暖烘烘盛满一碗往回端,往往以为盛着一窝云,阳光下笑得好开心的样子,真的难道不是,云竟在我手里呢,一朵开心的云。

他也卖肠粉,那是早上的生意,还有其他粉果白粥拉拉杂

杂的,在这儿做开了,让警察拉过仍不肯走。有时候一个女的帮他,想是他女人,胖胖圆圆,两人并立简直点错鸳鸯谱似的滑稽。照理胖人爱笑,但她不笑,亦不说话,什么都听男的,男的汹汹地咧嘴骂,她只唯唯诺诺地应。不过她十分慷慨,分量作料都给得多。一回买肠粉,说要多点酱油,她提着酱油壶嘘嘘地浇,男的一把夺过来,开口便骂:"要死了你,给那么多……"女的不作声,亦不委屈,平静得什么事都没有发生,看他们真好玩,一个愿打,一个愿挨。

  流动雪糕车是浅显的绿,一汪一汪都是它耀眼的绿。远远便可听到它清脆玲珑的童话音乐,老是那几句,反而老是听不完。车子像那种上发条的玩具,发条上满了,车子一边行一边撒碎碎的音符,像一个流浪小孩的歌唱,唱自己的生涯,倾诉他多么欢喜地来,又多么欢喜地走。

  雪糕车一停,四面八方的小孩都围拢来,一人一杯冰淇淋高高兴兴地离去,而雪糕车是做完善事的卖艺人,慈蔼万分地瞧他们笑。太阳也赔着笑,一蹦一跳地热络,这下子冰淇淋一滴滴猛淌,小孩赶忙舔救,舌头伸得长长的;一滴沿臂弯溜,又忙着舔臂,就这么狠狠地舔去童年。

  棉花糖不常来,来了安顿在对面大厦门口,挨近卖冰淇淋的,没事有一搭没一搭地跟卖冰淇淋的聊。他头发尽白了,蓄平头,一髭髭短桩子在脑勺上砌梅花桩,却有一张四十多岁的面孔,怪怪的。他非常喜欢小孩,逗得他们咯咯地笑,更叫人想起童话里的善心老艺人,在街头做木偶戏给孩子们看。卖棉花糖,一只空棒子绕着轮子转,轮子嗤嗤地吐丝,绕成一个头大的球,比小孩的头还大,粉红色的,又是一朵天上的云霞。简直吃空气一般。幻灭之快的，咬一口，便没了，仅仅留下糖液在齿缝间。额上、鼻尖、下巴，沾着黏黏的。

　　糖炒栗子较远，得下好一段坡路。老远就听到炒栗子声，一铲铲尽是跳跳脱脱的冬阳，热辣辣的，香炽炽的。冬天在栗子香中竟也不冷了。

　　卖栗子的是个年轻小伙子，通常都赤着肩膊，大北风中也只一件单衣。人老老实实的，也不和谁搭讪，要多少给多少。我反而喜欢这样的交易，不言不笑中，自有人间情味。他是个有商业道德的，我吃遍那么多摊子的栗子，终归是他的好。栗子是太小的不好剥，太大的不香，中等偏小的最佳。就算外面有上等货，我亦回来才买，好像这儿是我家乡。

　　我每经过必看见一碟闪蜡蜡的栗子，炒得爆裂了，里面的金黄作势要跃出来，可是壳儿始终欲吐还休，看到人愈发馋了，我至少得买三块钱，大银洋打在瓷碟上倾拎哼楞，是生意的直情直性。我也喜欢那盛栗子的长木桶，老让我想起韩国的长鼓，不定敲击起来也可伴歌成拍。那硕大的镬实在是丰富的宝藏，一粒粒棕色壳儿里都是金，而且炉边是个避冷的好地方。

（选自《春在绿芜中》）

诸葛亮与明耻教战

曾敏之

作者介绍

曾敏之,作家。

著有《曾敏之杂文集》《望云海》《文苑春秋》等。

唐代诗人杜甫,对诸葛亮的平生事业,钦仰之至,他入川之后,写了很多有关诸葛亮的诗,其中一首是写他游成都诸葛亮武侯祠的,写得很有感情,艺术概括性也很高:

> 丞相祠堂何处寻　锦官城外柏森森
> 映阶碧草自春色　隔叶黄鹂空好音
> 三顾频烦天下计　两朝开济老臣心
> 出师未捷身先死　长使英雄泪满襟

这首诗,可以说描绘了诸葛亮一幅肖像,其中的"出师未捷身先死，长使英雄泪满襟"成为千古传诵的名句。

作为一个杰出的政治家、军事家的诸葛亮，早为史家所承认。他的事迹，通过罗贯中写的《三国演义》，更渲染得动人与迷人，诸葛亮已成为智慧的化身。从"隆中对策"到"星落五丈原"，他的活动贯串了《三国演义》的主要篇幅，因此这个人物是写活了，写得崇高奇俊，栩栩如生。

诸葛亮字孔明，是琅玡阳郡（今山东沂水南）人。幼小孤零，靠从父诸葛玄提携长大。诸葛玄曾任袁术所署豫章太守，特携带诸葛亮和诸葛均两兄弟随官教养，后来诸葛玄卸了太守职务，就去充荆州牧刘表的幕客，不久，死于荆州，诸葛亮从此失却凭依，到南阳隐居以待。汉末天下大乱，群雄割据，世事扰攘，前途难卜。他以布衣之身，"躬耕南阳"，照他当时所抱的思想感情说，是"苟全性命于乱世，不求闻达于诸侯"，可说是消极遁世的。

话虽如此，诸葛亮毕竟有抱负，有雄心，"每自比于管仲、乐毅"，就足以说明他是隐居待时而动的。他自比于管仲，就是说以管仲相齐桓公成就霸业自期；他自比于乐毅，就是说他以乐毅的军事才能自许，而乐毅是春秋战国时燕赵名将，是立过赫赫战功。但是他的怀抱，有谁知道呢？能了解而期许他的只有崔州平、徐庶等人而已，这几个人都是诸葛亮的挚友，常有往还。后来通过徐庶向刘备推荐，刘备三顾草庐，请求诸葛亮出山相助，于是待时而动的诸葛亮慨然应允，发出了"隆中对策"的一声春雷。

诸葛亮身在隆中，却胸怀天下，研究世事。他在调查研究的基础上，为刘备考虑前途，论天下形势，提出了占领荆益二州，安抚密州西部诸戎、南抚夷越，励精图治，整顿内政，外与孙权结好。等候北方有变，就以荆州军攻南阳洛阳，主力益州军出秦川一带，他估计会得到人心归附，北伐曹魏的计划可以逐步实现，然后霸业可成，汉室可兴。

诸葛亮的"隆中对策"，预见了魏、蜀、吴三国未来的形势。这种预见，是有现实条件为根据的。因为汉末动乱历十九年，国家分裂，豪强割据，人民饱经兵燹，深受痛苦，渴望有统一安定的局面。因此，诸葛亮的对策是以历史发展为经纬，以人民的统一愿望为因素的。他强调"汉室可兴"，当然带有正统观念，刘备以汉宗室的关系，在士族阶层也具有一定的号召力，所以"隆中对策"就成为可行的路线了。

按照诸葛亮所制定的政治路线，果然取得了第一步的胜利，就是据有荆益，建立蜀汉，以与曹魏争夺天下。

益州（即今四川）之地，本为刘焉刘璋父子割据统治了二十七年，已具备了一半立国条件，如有坚强的统治集团，就可实现立国的计划。刘璋因内部分裂而请刘备入蜀，给了刘备驱走刘璋取而代之的机会，因之占领益州全部（包括汉中郡），后来就以这个根据地建立蜀汉，刘备自称汉昭烈帝。公元二二三年，刘备死了，刘禅继位。诸葛亮以丞相职位治理这个国家。

诸葛亮治理蜀汉，可以用明耻教战来概括他的一切措施。

他励精图治，赏罚严明，制定汉科（律），作为一国的法度。写《三国志》的陈寿，本是西晋时代的史学家，他的父亲曾被诸葛亮判处髡刑。但他在《三国志》中写诸葛亮传时，并无恩怨的成见，仍以公正的史笔写道：

"科教严明,赏罚必信。无恶不惩,无善不显。至于吏不容奸,人怀自厉,道不拾遗,强不侵弱,风化肃然……开诚心,布公道……邦域之内,咸畏而爱之。刑政虽峻而无怨者,以其用心平而劝戒明也。"

诸葛亮不论对人对己,都要求严格,毫无例外。举两事可为例证。当初建蜀汉之时,法正曾向诸葛亮进谏,说:"昔高祖入关,约法三章,秦民知德。今君假借威力,跨踞一州,初有其国,未垂惠抚;且客主之义,宜相降下,愿缓刑弛禁,以慰其望。"可是诸葛亮对法正之谏,不以为然。他认为法正只知其一,未知其二。他说刘焉刘璋割据益州以来,由于"文法羁縻,互相承奉,德政不举,威刑不肃",已造成地方割据势力专横自恣的局面。如果不行法治,就不可能改变积习,也谈不到荣恩之惠。所以他坚持以法治为本而恩威并施。当他第一次出师攻魏时,大军初出祁山,军事形势对蜀汉完全有利,关中震动,魏议迁都。可是由于错用马谡,违背诸葛亮的军事调度,以至街亭失守,影响大局,迫得诸葛亮退军汉中。诸葛亮信任马谡,本来有根据,因为马谡曾向诸葛亮献过南征孟获"夫用兵之道,攻心为上,攻城为下,心战为上,兵战为下,愿丞相但服其心足矣"之策,取得孟获战败七次被擒七次而后心悦诚服,表示南人不再反了的辉煌战果;也使夷汉关系得到改善,蜀汉内部得到稳定的功效,所以诸葛亮对马谡的"言过其实"的严重缺点估计不足,也就是知人还不算彻底。街亭之败,使诸葛亮十分痛心,他上疏引咎自责,认为"至有街亭违命之阙,箕谷不戒之失,咎皆在臣,授任无方。臣明不知人,恤事多暗……请自贬三等,以督厥咎"。也就是按法自请处分。他不仅上疏刘禅，还要求"引咎责躬，有所失于天下"，要求各级同僚"勤攻吾之缺"。由此可见诸葛亮责己之严。

他不仅重法，还重信。有一次屯兵祁山，"旌旗利器，守在险要"。魏明帝遣张郃率雍凉劲旅三十万之众，"潜军密进，窥向剑阁"。就在此时，诸葛亮所率大军有八万人要调防后方休整，由于军事形势变化，有人主张暂缓调防休整，以免减弱抵御的兵力。可是诸葛亮说："吾统武行师，以大信为本，'得原失信'，古人所惜。去者束装以待期，妻子鹄望（就是伸长颈在盼望）而计日，虽临征难，义所不废。"结果把调防休整计划按期实行。"于是去者感悦，愿留一战；住者愤踊，思致死命……临战之日，莫不拔刀争先，以一当十，杀张郃，却宣王（即司马懿），一战大克"。

蜀汉在力量对比上弱于曹魏，要想遵循"隆中对策"以"复兴汉室"，就是不得不尽一切主观努力于教战。诸葛亮在刘备死后遣使和吴的孙权恢复友好关系，南征诸夷以实现和夷政策，都是为了准备伐魏的战争。而在准备出师伐魏过程中，诸葛亮特别着重于训练有纪律的军队，他还创造了军事上需要的先进事物以加强作战能力，如"八阵图""木牛流马""钢刀""连弩"等以作军用。他为了解决远征运粮补给的困难，也推行了分兵屯田的政策，"耕者杂于渭滨居民之间，而百姓安堵（安定不受惊扰），军无私焉"。

诸葛亮一生谨慎，他深知蜀汉弱小，要战胜曹魏而达到"隆中对策"的目标，就不能不谨慎使用军事力量，所以他不敢多用冒险的策略。他尽主观的努力于教战，真是做到"鞠躬尽瘁，死而后已"。只是当时客观形势比人还强,他虽尽了主观力量,也不能扭转客观形势,因此六出祁山终于师老无功,最后在五丈原力瘁而死。

诸葛亮写的《出师表》,充满了深思熟虑、感情与理智兼到的精神,他强调"陟罚臧否,不宜异同","不宜偏私",不可"内外异法"。他自己表示如不能收"讨贼兴复之效",也甘愿受到处分。在《出师表》中,甚至表明他不增殖私产的光明磊落态度:他说家在成都,有桑树八百株,薄田十五顷,一家可以温饱。他的随身衣食,都是官府供给,决不别作经营,增加私产一寸。他死之后,如查出有多余的财物,那就是对不起国家。诸葛亮不仅在《出师表》表明家事,也在遗嘱中叮嘱薄葬:"葬汉中定军山,因山为坟,冢足容棺,殓以时服,不须器物。"陈寿在《诸葛亮传》中说:"及卒,如其所言。"也就是诸葛亮并不说谎,而且以政治家的操守,确实做到"淡泊以明志,宁静以致远"的程度。

(选自《人文纪事》)

史前人类

[美]亨德里德·房龙 著 刘 海 译 黄 利 补叙

作者介绍

亨德里德·房龙，美国作家、历史地理学家。

代表作有《荷兰共和国的衰亡》《荷兰航海家宝典》等。

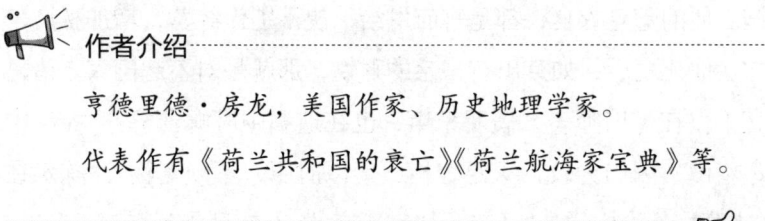

史前人类开始为自己制造工具

早期的人类不懂得时间的含义，他们不理解什么叫日、月、年。可通过一种普遍的方法，他们跟上了季节变迁的轨迹。

这时，一件不同寻常的恐怖事情发生了，它与气候有关。暖和的夏日姗姗来迟，果实无法成熟。那些本来覆盖着绿草如茵的群山之顶，现在却为一层厚厚的积雪所笼罩。

随后的一天早上，一群野人突然从山上摇摇晃晃地冲下来。他们与住在山脚下的居民很不相同。他们瘦弱干枯，看起来已经挨饿好久。本地的居民听不懂他们唧唧咕咕的语言，可看样子，他们好像在说自己想吃东西。本地的食物不足以同时养活老居民和新来者，当过了几天他们还赖着不走时，一场可怕的战斗发生了。人们相互撕咬，发疯般地肉搏。有的全家被杀死，其他人则逃回山区，死于下一场袭来的暴风雪。

可住在森林里的居民也吓坏了。现在，白昼变得一天比一天短，而夜晚却冷得异乎寻常。

最后，在两山之间的裂缝里，出现了星星点点的绿色小冰块。它们迅速地变大，长成巨大的冰川，沿山坡滑下来，把巨大的石块推进山谷。在雷鸣般的响声中，裹挟着冰块、泥浆和花岗岩的巨流呼啸着卷过森林，许多人在睡梦中就遭受了灭顶之灾。百年的老树被齐腰折断，倒在燃烧起来的森林里。随后，大雪纷纷扬扬地下了起来。

绵绵不绝的大雪下了一个又一个月。所有的植物都冻死了，大批动物逃往南方，去寻找温暖的太阳。人类肩挑手扛，背起年幼的孩子，跟动物一起踏上了逃难的旅程。可他们跋涉的速度比用四肢奔跑的动物慢了许多，严寒却毫不留情地在身后紧紧追赶。他们不得不迅速想出办法，否则只能坐以待毙。事实证明，他们更情愿开动脑子。在冰川纪，有四种情形对地球上的人类构成了致命的威胁，可他们都一一想出了对付的办法，使自己幸免于难。

首先，人类必须穿衣服御寒，否则只能冻死。于是，他们学会了怎样制造捕猎的陷阱：挖一些大坑，上面覆以枝条和树叶，一俟熊和鬣狗掉下去，便用石块砸死它们，用它们的毛皮做大衣。

接下来是解决住房的问题。这很简单。许多动物都有睡黑乎

乎的山洞的习性。现在，人类也学动物的样子。他们把动物们赶出这些温暖的巢穴，自己住了进去。

即便有毛皮大衣穿、有山洞住，天气对大部分人来说也是太寒冷了。老人和小孩成批地死去。这时，人类中的一个天才想出了用火御寒的主意。于是熊熊的火光使得黑暗寒冷的洞穴变成了一个温暖宜人的小房间。

一天傍晚，一只死鸡不小心掉进了火堆。一开始，没人在意这事儿，直到烤熟的阵阵香味飘进人们的鼻孔。啃一口尝尝，人们发现，烤熟的肉食味道比生吃好上许多。于是，人类终于抛弃了长期以来与动物一样生吃食物的习惯，开始做起熟食来了。

慢慢地，几千年的冰川纪过去了。只有那些脑子最聪明、最肯动手的家伙们幸存了下来。他们必须日夜不停地与寒冷、饥饿搏斗，他们被迫发明出种种工具。他们学会了怎样磨制锋利的石斧，制造石锤；为度过漫长的寒冬，他们必须储存大量的食物；他们发现能用黏土制成碗和罐子，放在阳光下晒硬后使用。就这样，时时威胁着要毁灭整个人类的冰川纪，到头来却变成了人类最伟大的导师。因为它迫使人类运用自己的脑子去思考。

（选自《人类的故事》）

一吊钱价值多少

李国文

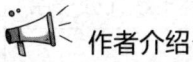 作者介绍

李国文,当代作家。

代表作有《车到分水岭》《空谷幽兰》《月食》《危楼纪事》《冬天里的春天》等。

康熙四十六年,玄烨南行巡察河工,途中,在皇子胤祉的奏折上批高邮、镇江、苏州三处的"粮价单"。这虽是一件很小的事情,但对一位"日理万机"的最高统治者来讲,能够留意到与老百姓密切相关的稻米菽豆的价格,比历史上那些或荒淫无耻或杀人无数的帝王要强得多了。

应该说,历代帝王中间,玄烨在位六十一年,是统治中国较长时间的君主之一。在他统治期间,平定三藩,收复台湾,抵制沙俄,巩固边疆,使大清王朝达到全盛状态。他本人好学敏求,勤于政务,"未明求衣,辨色视朝",在中国封建社会中,是一位

比较杰出的君主。

现按他所记，将1707年夏四月的三地粮价，列表如下：

	高 邮	镇 江	苏 州
黑豆（石）	五钱四分	五钱二分五厘	六钱零五厘
黄豆（石）	五钱八分三厘	六钱二分五厘	六钱零五厘
绿豆（石）	六钱六分六厘	六钱七分五厘	六钱六分六厘
上白米（石）	九钱五分	八钱三分三厘	九钱七分
中白米（石）	九钱二分六厘	八钱	九钱一分六厘
下白米（石）	八钱三分	七钱五分	七钱九分一厘
江米（石）	八钱七分五厘	八钱三分三厘	
大麦（石）	二钱八分三厘	三钱五分	
小麦（石）	六钱六分六厘	七钱零八厘	
芝麻（石）	一两一钱一分	一两二钱五分	
白面（石）	九文	九文	
银每两换钱	一千文	一千文	

夏四月正青黄不接之际，三地粮食市场，虽有一江之隔，但差价相当接近。粮价没有大涨大跌，对"民以食为天"的老百姓来说，这日子应该说是相当安生了。

这一次是他第六次南行视察河工，帝王出巡，官员护拥，伞盖遮云，旌旗蔽日，那阵势之威武，那场面之壮阔，可想而知。时人张符骧作诗记事，对此颇发了几句牢骚：

　　三汊河干筑帝家，金钱滥用比泥沙，
　　宵人未毙江南狱，多分痴心想赐麻。
　　忆得年时官市开，无遮古董尽驼来，

何人却上《千秋鉴》，也博群王笑一回。

也许没人告密的缘故，诗人竟成文字狱的漏网分子，实属他的幸运。但"金钱滥用比泥沙"的感叹，倒是这位皇帝晚年统治的谶言，堂堂大国，他死后的国库里，空空荡荡，只有七百万两存银，也太惭愧了。任何英君明君，无论当初怎么伟大正确，年事高了以后，难免昏聩，总是以一塌糊涂告终。他的孙子乾隆，统治中国60年，比他少一年，活了80岁的乾隆，传位咸丰，大清国也就走下坡路了。以史为鉴，老人统治时间过长，一般来说，绝不是国家民族之幸事。

不过，玄烨50岁至60岁，也就是康熙四十三年到五十三年前后，正是他精力最旺盛、治绩最辉煌的岁月。看四十六年的这份账单，一石米价能稳定在银一两以内，这是相当难得的太平盛世。

清代衡制的斤，要大于现在公制的市斤，近七百克为一清代斤。按现今在超市出售的富强粉，每五百克约为人民币三元的话，清代白面每斤九文，换算下来，与今天的面粉价格，大致持平。那么，当时的货币白银，每两折合如今的人民币，应该是四十元左右。《红楼梦》里，那个胡庸医为晴雯看病，滥施虎狼药，麝月打发他出诊费，给了二两银子，难怪那大夫高兴得抱头鼠窜而去。现在，即使请特级教授看专家门诊，也没这么高的挂号费。

康熙所记，"银每两换钱一千文"，这一千，俗称一吊。按明何良俊《四友斋丛说史八》："是日十三位道长，每一个马上人要钱一吊。一吊者千钱也"，说明吊是以千计数。但各个地方，各个时期,多少钱为吊,并不一致。旧时北京,就以一百个制钱或十个铜元为一吊。所以,一吊钱价值多少,是一道脑筋急转弯的问题,很难说出准数,最准确的答案,莫如就说是一吊钱。

明代道长们的聚会,各人掏钱一吊,真够宰人的。道人吃斋不吃荤,无须酒肉,十三吊钱办一桌素席,应该相当丰盛了。若依这种伙食标准,来衡量康熙一餐饭的花销,倒也不算侈靡。据当时内务府的一件奏闻:"备御膳一桌,需用银十五两左右。计有猪二,羊二及鸡、鸭等其他菜八碗。其中五十斤猪二只,需银六两,羊二只,需银四两。"

康熙的一餐饭,只需十五吊钱,合人民币约六百元。比现在一些款爷招待干部,吃什么翅鲍席,动辄万元一桌,开一瓶洋酒,再加好几千元,相比之下,康熙这皇帝当得有点窝囊。内务府的报告,是康熙五十三年十二月乙亥上奏的。也许,此时的玄烨,年过花甲,肯定其消化能力大不如现今吃鲍翅席、喝人头马的这个长或那个长,因此,即使御膳房给他上满汉全席,老人家未必消化得了。

另外,康熙本人崇尚俭约,因而也使马屁精无法铺张挥霍。所以,玄烨与他老子不同,顺治老讲崇祯的好话,而他对那位上朝皇帝的宫廷侈靡之风,很不以为然。康熙四十八年十一月,与大学士谈明季史事,谕曰:"明朝费用甚奢,兴作亦广,其宫中脂粉钱四十万两,供应银数百万两,宫女九千人,内监至十万人,今则宫中不过四五百人而已。明季宫中用马口柴、红螺炭,日以数千万斤计,俱取诸昌平等州县,今此柴仅天坛焚燎用之。"从他这番话,便知他要求自己颇为严格,注意细节,要不然,不会在南行途中,关心到自由市场上的黑豆、黄豆、江米、芝麻价格的。

他在这次与大学士的谈话中,还讲了两则关于崇祯的笑话,这是他从官中当年留下来的明代太监那里听来的。一是崇祯修大内建极殿,从外地采买来的巨石,经运河运抵通县,再人挽马拉,移至紫禁城前。耗时费力,不计其贯。谁知石大门狭,无法进宫,运石太监只好启奏崇祯,说这块石头不肯进午门,该如何处置?崇祯吩咐:那好办,将它捆起来,打六十御棍!二是崇祯学骑马,那场面很壮观,两人执辔,两人捧镫,两人扶鞍,刚刚将他捧上马背,还未坐稳,就滑落下来。摔了的崇祯,气急败坏,发出御令,将此马打四十大鞭,然后罚往苦驿当差!

讲到这里,康熙不禁感叹:"马犹有知识,石则何所知乎?如此举动,岂不令人发一大噱?总是生于深宫之中,长于阿保之手,不知人情物理故也。"我想,玄烨能如此批判,有他最起码的清醒,也就理解他日理万机,还关心一两银子兑换一吊钱这样的小事了。

如今,不知人情物理的年轻人,何以谓之一吊钱,恐怕未必说得上所以然。虽然,他们会使用"半吊子"这个詈词,但由这种钱币单位衍生而来的出处,未必知晓。因为一吊乃一千,半吊则五百,不能满串,才用来形容知识不丰富,偏做出学问很饱满;技艺不熟练,但装出很在行的那些人,蔑称为"半吊子"。

文学界,也是容易孳生半吊子的地方,凡能书写汉字者,都有可能当作家。看了几部外国现代派小说,五迷三道地照猫画虎,像又不像,不像又像,这些作家和作品,便给人留下半吊子的印象。还有等而下之的，连皮毛也学不到家，便号称自己为后现代，这样的作家和作品，便是二半吊子。四分之一吊，正好是二百五，这称呼，好像也不怎么体面。一吊钱的古老说法，谅不会再现，除非拍古装戏；但半吊子、比半吊子还差池一点的二半吊子，也就是二百五，大概永远不会消失。

辛亥革命以后，制钱消失，改用铜板，吊的说法，民国期间虽在沿用，但已经无法像清代那样，能够方便地将钱串吊起来。安娥、聂耳的《卖报歌》里有一句词："七个铜板就买两份报"，铜板无孔，没法穿起来，只好放在口袋里。我小时也用过的，沉甸甸的怪累赘。

中国人使用制钱，比使用铜板的历史长得多，据《汉书·食货志》，那时就有"钱圆函方"的货币。方孔，最初是为了弥补冶炼时边缘不圆，再加工时的操作方便而设，但到了后来，冶炼技术高明了，方孔沿旧习不变。我们看《资治通鉴》，唐高宗跟他叔叔李元婴、哥哥李恽开的玩笑，便知道那时也在使用外圆孔方的硬币。"元婴与蒋王恽皆好聚敛，上尝赐诸玉帛各五百段，独不及二王。敕曰：'滕叔，蒋兄自能经纪，不须赐物，给麻两车，以为钱贯。'二王大惭。"

两千多年的封建社会中，基本通货就是这种外圆内方的制钱。因为，在钱的中间留着5×5毫米大小的正方形洞眼，可用绳索贯穿起来，有其实用价值。北方老农有一种叫作"褡裢"的布袋，现在犹能在穷乡僻壤中见到，前后等长挂在肩头，若一吊钱，为一千文制钱穿在一起的计算单位。其长度，正好分挂在身前身后。"吊"的原意，或许由此而来。

由于这个方孔，制钱获得了一个谑称，叫"孔方兄"。

晋代鲁褒,有篇名文,题曰《钱神论》,就从钱的形状写起的:"钱之为体,有乾坤之象,内则其方,外由其圆……亲之如兄,字曰'孔方',失之则贫弱,得之则富昌。"明人王世贞在《鸣凤记》里,说得更传神:"朝为田舍郎,暮登天子堂,问道何以故,家中有孔方。""有钱使得鬼推磨",岂止拿钱买官呢?所以,鲁褒颂钱为神,只要有钱,"无德而尊,无势而热,排金门而入紫闼。危可使安,死可使活,贱可使贵,生可使杀。是故纷争非钱不胜,幽滞非钱不拔,怨仇非钱不解,令问非钱不发。"

因此,一吊孔方兄价值多少,就要看是什么人,用在什么地方了。

其实,老百姓手里一吊钱的分量,和康熙手里一吊钱的分量,是不一样的。《红楼梦》里元春探亲,赵嬷嬷回忆当年接驾盛况,接的正是这位皇帝。据史载,从康熙二十三年到四十六年,康熙先后六次南行,视察河工,其中有几次曾经到南京,以江宁织曹寅的府邸,为其行官。这固然是无上荣光的事情,但据《红楼梦》,也是一次"拿着皇帝家的银子往皇帝身上使"的高消费游戏,"把银子花得淌海水似的",这就是诗人所讽刺的"金钱滥用比泥沙"了。

如果说,穷人的一吊钱,当命;富人的一吊钱,当水;那么皇帝的一吊钱,恐怕只好当屁,甚至连屁也不顶。就在南行记粮食细账的同年,到了年底的例行赏赐时,这位皇帝不去计算九文钱可以买一斤白面,大撒把地撒起银子,赏赐面之大,赏赐额之高,如果折合粮食,一辈子也吃不完。

现将他发放给皇亲国戚的红包数额,列表如下:

级　　别	赐银数相当于吊	可购白米数量	可供百人食用
亲王级	8000 吊	8421 石	28 年
郡王、受封贝勒级	7000 吊	7368 石	24 年
贝勒级	6000 吊	6315 石	21 年
未受封皇子级	4000 吊	4210 石	14 年
贝子、公级	3000 吊	3157 石	15 年
内大臣、侍卫级	1000 吊	1550 石	5 年

封建社会就是等级社会，康熙不搞平均主义，同是皇子，有受封与未受封的差别，因此赏赐待遇不一。玄烨六十四岁时，第二十四子出生，取名胤祕，自康熙十一年大阿哥胤禔出生，至康熙五十五年，共生子（生女不计在内）三十五人，然其中十一人早夭。存活下来的儿子为二十四人，未受封的仅皇九子、皇十子、皇十二子、皇十三子、皇十四子。从这里可以估算到每年的年终赏赐，是一笔天文数字，也是国库的一笔沉重负担。

《红楼梦》的贾府，不知属于上表的哪一级，在除夕祭宗祠时，举家也在等待贾蓉到礼部去领这份皇上的恩赏呢！看来，康熙在皇子胤祉的奏折上记的豆腐账，若不是一时心血来潮，就是一次故作姿态。封建社会里的所有帝王，无论其如何暴虐、淫乱、昏庸、无能，在他还未从金銮殿的宝座上跌落下来时，都要把自己打扮成英主明主，爱民如子的样子。

尤其做皇帝久了以后，更是抓住一切机会，表现他亲民爱民的形象，让臣民们为他山呼万岁。这种表演欲，是情不自禁的，即使清醒如康熙者，也不例外。他需要臣民对他五体投地，对他顶礼膜拜，对他歌功颂德，对他敬若神明，和历史上所有统治者，是没有什么不同的。

虽然，康熙在他的政治遗嘱中，曾经对历代帝王作过一些评价："昔梁武帝亦创业英雄，后至耄年为侯景所逼，遂有台城之祸；隋文帝亦开创之主，不能预知其子炀帝之恶，卒至不克而终。又如丹毒自杀，服食吞饼，宋祖之遥见烛影之类，种种所载疑案，岂右前辙？皆由辨之不早，而且无益于国计民生。汉高祖传遗命于吕后，唐太宗定储位于长孙无忌，朕每鉴此，深为耻之。"固然，他在开头说了，"自秦汉以后有年号之二百一十有一位帝王中，在位久者朕为之首。朕已老矣，在位久矣，未卜后人之议论如何，而且以目前之事，不得不痛哭流涕，预先随笔自己，而犹恐天下不知吾之苦衷也。"（以上史料均引自章开沅《清通鉴》）

其实，这是他对自己迟迟不肯立储的辩护，由于太子废而又立，立而又废，举棋不定，诸王子及其人马之间的夺嫡斗争，愈演愈烈，以致这位老爷子烦不胜烦，歇斯底里发作，到了罢勋戚、杀大臣的失控状态，这都是老年统治者挑选接班人时信疑不定、首鼠两端的结果。但更为严重的，是他晚年期间，吏治渐弛，贪风日炽，地方亏欠，国库虚空，才是老人统治的直接恶果。诗人曾言"金钱滥用比泥沙"的后患，终于在他驾崩前后暴露出来。

雍正暧昧不明地接班上台，这个野心家阴谋家登基时，康熙留给他的固定资产，是一个幅员广阔的庞大帝国和两千五百万人口，但国库里的流动资金，只有区区七百万两银子，实在是入不敷出，难以为继呢！雍正在位十三年，苦熬苦挣，精打细算，不停地抄家搜括、扫地出门，《红楼梦》里的贾府，也被抄得一干二净，这才使国库有了五千万两存银。

最滑稽的，近几年写雍正的电视剧、小说，最津津乐道的事，莫过于雍正攒下的五千万两银子。说来可笑，最具有讽刺意义的，那个康熙最看不上的崇祯，当他在景山上吊的时候，他的国库里存银是康熙死时的十倍，是雍正死时的一倍有余，为七千万两。看起来，姓朱的亡国之君，要比姓爱新觉罗的两父子盛世帝王，腰更粗一些呢！

如果拿这父子皇帝的后代所签下的《辛丑条约》，要向列强赔款的本息，高达九亿八千二百多万两银子的天文数字，康熙的七百万，加上雍正的五千万，真是可怜巴巴，连零头也不够。所以，我对电视剧、小说中拖着辫子的皇帝，敬谢不敏。这些统治者的手上，都沾满了老百姓的血，即或撇开这些改朝换代、镇压异己的历史不计，试想一下，大清朝国库里的银子，难道都是他们从关外发祥地带来的吗？这几乎是人皆尽知的道理，所有的钱，都是全中国的劳动人民，一文一文、一吊一吊地创造出来的。

因此，一吊钱价值多少，若从民脂民膏的角度考量，那简直是无法计算的。

（选自《江上数峰青》）

不自由毋宁死

——在弗吉尼亚议会上的讲演

[美] 佩特瑞克·亨利 著 高 健 译

作者介绍

佩特瑞克·亨利,美国政治家与演说家。著有演讲稿《诉诸武力》等。

主席先生:

我个人对刚才在议会上讲过话的各位先生们的忠诚与才能实在非常重视,不减他人。但是不同的人对同一问题的看法却往往会有所不同;因此,如果由于我个人对一些问题持有相反看法,因而不能不和盘托出,毫无保留时,但愿这一番话不致视为对前面各位先生的一种不敬。目前已不是雍容揖让的时候。议会所面临的问题乃是一个非同一般的严重问题,而依照个人看法,它其实就是要自由还是要奴役的问题,既然问题是这么重大,讨论这项问题时的自由也就不能不更多一些。唯有这样,我们才有可能认清事态真相,以便使我们无负于对上帝和对这片土地所肩负的重大责任。处在这种时刻,如果我因为畏惧开罪于人便把该说的话按下不说,那才真是对自己乡国的最大不忠,对天上上帝的最大不忠,而我对上帝的钦崇则远在对世间的一切帝王之上。

主席先生,人们往往容易沉溺于虚妄的希冀之中而心存幻想,我们往往紧闭双眼而不敢正视痛苦的现实。而就在我们被妖女的艳歌弄得飘飘然的时候,我们早已不再是我们自己,而被化为牲畜。这难道是亲自参加为自由而战这场伟大而艰巨的战斗的有识之士所应有的行事吗?难道我们在这件与自己世间得救关系极密切的事情上,竟属于那种有眼而不能见,有耳而不能闻的糊涂人吗?对我来说,不管这件事在精神上的代价是如何惨重,我都要求得知事情的全部真相和最坏后果,并对这一切做好思想准备。

指引我前进步伐的明灯只有一盏,那便是经验之灯,帮助我判断未来的方法只有一件,那便是过去的事。因此,如果鉴往可以知来的话,那么我很想知道,过去10年来英政府的所作所为又有哪一桩一件足以使我们各位先生与全体议员稍抱乐观和稍可自慰?是最近我们请愿书递上时接受人的那副狞笑吗?不可相信它啊,先生,那只会是使我们堕入陷阱和圈套。不可因为人家给了你假惺惺的一吻便被人出卖。请各位好好想想,一方面是我们请愿书的蒙获恩准,一方面却是人家大批武装的暗我水陆,这两者也是相称的吗?难道战舰与军队也是仁爱与修好所必需的吗?难道这是因为我们存心不肯和好,所以不得不派来武力,以便重新赢得我们的爱戴吗?先生们,我们决不可再欺骗自己了。这些乃是战争与奴役的工具,是帝王们骗人不过时的最后一招。请让我向先生们提一问题,如果这些阵容武备不是为了迫我屈从,那么它的目的又在哪里？各位先生还能另给它寻个什么别的理由吗？难道大不列颠在这片土地上还另有什么可攻之敌，因而不得不向这里广集军队，大派舰船吗？不是吧，先生，英国在此地并没有其他敌人，这一切都是为着我们而来，而不是为着别个。这一切都是英政府长期以来便已打制好的种种镣铐，以便把我们重重束缚起来。而我们又能用什么来抵御他们呢？靠辩论吗？先生们，辩论我们已经用过10年。在这个问题上我们还能提出什么新的东西来吗？提不出的。我们已经把这个问题从各个可能想到的方面都提出过，但却一概无效。靠殷殷恳请和哀哀祈求吗？一切要说的话不是早已说尽了吗？因此我郑重敦请各位，我们再不能欺骗自己了。先生们，为了避免这场行将到来的风暴，我们确实已经竭尽了我们的最大努力。我们递过申请；提过抗辩；作过祈求；我们匍匐跪伏过国王阶前，哀告过圣上制止政府与议会的暴行。但是我们的申请却只遭到了轻蔑；我们的抗辩招来了更多的暴行与侮辱；我们的祈求根本没有得到人家的理睬；我们所得到的不过是在遭人百般奚落之后，一脚踢开阶下了事。在经过了这一切之后，如果我们仍不能从那委屈求和的迷梦当中清醒过来，那真是太不实际了。现在已不存在着半点幻想的余地。如果我们仍然渴望得到自由——如果我们还想使我们这么多年一直在奋斗谋求的那些重大权利不遭侵犯——如果我们还不准备使我们久久以来便辛苦从事并且矢志进行到底的这场伟大斗争半途而废——那么我们就必须战斗！我再重复一遍，先生们，我们必须战斗！我们要诉诸武力，诉诸那万军之主，这才是留给我们的唯一前途。

有人对我们讲了，先生们，我们的力量太弱；不足以抵御这样一支强敌，那么请问要等到何时才能变强？等到下月还是下年?等到我们全军一齐解甲,家家户户都由英军来驻守吗?难道迟疑不决、因循坐误,便能蓄积力量,软弱为强吗?难道一枕高卧,满脑幻想,直至敌来,束手就缚,便是最好的却敌之策吗?先生们,我们的实力并不软弱,如果我们能将上帝赋予我们手中的力量充分发挥出来,三百万军民能够武装起来,为着自由这个神圣事业而进行战斗,而且转战于我们这么辽阔的幅员之上,那么敌人派来的军队再大再强,也必将无法取胜。再有,先生们,我们绝非是孤军奋战。主宰着国家命运的公正上帝必将为我们做主,他必将招来友邦,助我作战。而战争的胜利,先生们,并不一定属于强者;它终将属于那机警主动、英勇善战的人们。更何况,先生们,我们已经被逼得走投无路。即使我们仍想很不光彩地退出斗争,现在也已为时过晚。屈服与奴役之外,我们再也没有别的退路!我们的枷锁已经制成!镣铐的叮当声已经响彻波士顿的郊原!一场杀伐已经无可避免——既然事已如此,那就让它来吧!我再重复一遍,先生们,让它来吧!

先生们,一切缓和事态的企图都是徒劳的。有些先生们也许仍在叫嚷和平和平——但现在已经没有和平。战火实际上已经爆发!兵器的轰鸣即将随着阵阵的北风而不绝地传到我们的耳边!我们的兄弟们此刻已经开赴战场!我们岂可在这里袖手旁观,坐视不动?请问一些先生们到底心怀什么目的?他们到底希望得到什么?难道性命就是那么值钱,求和就是那么美妙,因而只能以镣铐和奴役为代价来换取吗?全能的上帝啊,但愿你能出来制止!我不知道其他人在这件事上有何高策,但是在我自己来说,不自由则毋宁死!

(选自《世界散文随笔精品文库·美国卷》)

接受诺贝尔文学奖时的演说词

一九五〇年十二月十日于斯德哥尔摩

[美]威廉·福克纳 著 李文俊 译

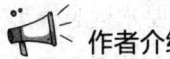 作者介绍

威廉·福克纳,美国作家。

代表作有《喧哗与骚动》《圣堂》等。

我感到这份奖并非授给我这个人而是授予我的劳作的——那是深陷在人类精神的痛苦与汗水中的一辈子的劳作,之所以劳作,不是为了荣誉,更不是为了利润,而是想从人类精神的材料中创造出某种过去未曾有过的东西。因此,这份奖仅仅是交托给我保管罢了。将这份奖的金钱部分贡献到与其出处目标、用意相符的用项上去,这并不困难。但我很希望在荣誉方面也如此做,通过将现在的这一个时刻化作高耸入云的山峰,这样,我从这里发出的声音便可以为已献身于同一痛苦与艰辛的劳作的青年男女听到,他们当中已经有这样的人,某一天他必定会站立在此刻我

所站之处。

我们今天的悲剧是，人们怀有一种普遍、广泛的恐惧，这种恐惧已持续如此长久对它的存在我们甚至都能够容忍了。至于心灵方面的问题，都已经不再有人操心了。大家担忧的唯一问题是：我什么时候被炸死？正因为如此，现今写作的青年男女已经忘记人心与它自身相冲突的问题了，而优秀的作品只能从这样的问题中产生出来，因为只有这样的问题才值得写，才值得为之痛苦和劳累。

青年作家必须重新学会这些。他必须让自己懂得，所有事情中最最卑劣的就是感到恐惧；他还必须让自己知道要永远忘掉恐惧，占领他工作室全部空间的只能是远古以来就存在关于心灵的普遍真实与真理，缺少了这一点任何故事都是转瞬即逝、注定要灭亡的——关爱、荣誉、怜悯、尊严、同情和牺牲，这些就是普遍的真理。除非他这样做，否则他便会在诅咒之下工作。因为他写的不是爱意而是情欲，在他所描写的挫败里没有人会丧失任何有价值的东西，他写胜利，那里面却没有希望，而且，最最糟糕的是，没有怜悯和同情。他哀伤，却不为普遍的实质问题哀伤，也不留下任何伤疤。他写的不是心灵，而是腺体。

除非他重新学会这些，不然的话，他写作时就仿佛是置身于人类末日的厄运中，观看着这末日的来临。我拒绝接受人类末日会来临的观点。说这样的话是再容易不过的了，说什么，人反正会一代代存活下去的，因为他会忍受；还说什么，当丧钟敲响。钟声从夕阳染红的平静海面上孤悬的最后一块不足道的礁石那儿消失时，即使在那时，也还有一个声音，即他那不绝如缕的声音依然在絮絮细语。这样的说法我是绝对不能接受的。我相信人不仅仅会存活,他还能越活越好。他是不朽的,并非因为生物中唯独他具有永不枯竭的声音,而是因为他有灵魂,有能够同情、牺牲和忍耐的精神。诗人的、作家的职责就是写这些东西。作家的特殊权利就是帮助人坚持活下去,依靠鼓舞人心,依靠让他记住,勇气、尊严、希望、自豪、同情、怜悯和牺牲,这些是人类历史上的光荣。诗人的声音不必仅仅是人的记录,它可以成为帮助人类忍耐与获胜的那些支柱与栋梁中的一个。

(此处文本根据的是福克纳原来的打字稿,与美国报纸当时所刊登的略微有些差别。)

(选自《福克纳随笔》)

鲁滨孙漂流记（节选）

［英］丹尼尔·笛福 著 徐霞村 译

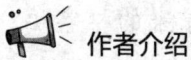 作者介绍

丹尼尔·笛福，英国小说家。

代表作有《鲁滨孙漂流记》。

尤其不幸的是，我在山谷里的那三四天，天气刚好有雾障，我既然看不见太阳，只好气急败坏地乱走。最后，我终于不得不回到海边，找到我那根柱子，从原路往回走。我走一段歇一段，慢慢往家里走，因为这时天气十分热，我的枪，弹药，斧子，以及其他的东西压在我的身上，非常重。

在路上，我的狗袭击了一只小山羊，把它捉住了；我急忙跑过去，一把把它抓住，从狗嘴里把它救了下来。假如可能的话，我极想把它带回家来，因为我经常考虑能不能弄到一两只小羊，繁殖出一群驯羊，等我的弹药用完的时候，供我作食料。

我给这小动物做了一个颈圈，又用我经常随身带着的麻纰做

了一根细绳，牵着它走；费了不少事，才把它牵到我的茅舍，把它关了起来，然后离开它往家里走，因为我离家已经一个多月了，心里急于要回去看看。

　　我回到家里，躺在我的吊床上，真有说不尽的满意。我在这次小小的漫游里，一直没有固定的地方安身，觉得很不痛快，拿我的家和那种生活比起来，实在是一个十全十美的安身之所。我觉得我家里的一切都非常舒服，因此我下了一个决心，如果我命中注定要在这岛上住下去，我再也不出远门了。

　　我在家里住了一个星期，为的是休息和恢复长途旅行的疲劳。在这期间，我把大部分时间用来做一件很要紧的事，就是替我的鹦鹉波儿做一只笼子。它这时已经成了一个很驯服的家禽，并且跟我搞熟了。于是我开始想到那被我关在圈子里的可怜的小羊，决定把它带回来，给它一点东西吃。我到了那边，只见它仍还在原来的地方（事实它也跑不出来），因为没有东西吃，差不多快饿死了。我到外面替它割了些嫩枝嫩叶之类，掷给它吃；喂完之后，仍像原来一样替它系上绳子，牵着它走。现在它已经饿得非常驯服，像一条狗似的跟在我的后面，已经没有必要去拴它了。后来，由于我不断地喂它，它逐渐变得又可爱又温和，成了我的家畜之一，再也不离开我了。

　　秋分的雨季又来了，我还是像以前一样，很严肃地度过了九月三十日这一天，这是我登陆的纪念日。我来到这岛上已经两年了，可是现在并不比两年前我刚来的那天有更多的脱险的希望。我利用全天的时间卑顺而感激地追念着上帝给我的种种恩惠；假如没有这些恩惠，我的生活就要更苦了。我卑顺地、衷心地感谢上帝，因为他使我明白，我在这孤寂的景况中说不定比我在人世的自由和快乐中更为幸福。因为他时时在我身边，跟我的灵魂交通，支持我，安慰我，鼓励我，使我信托他的神力，并且唯愿今后永远在我身边，充分弥补我的寂寞生活中的种种缺陷，使我不再感到远离人群的痛苦。

　　我现在开始充分地感觉到，我现在所过的生活，尽管非常不幸，比起我过去那种罪恶的，可诅咒的，可憎的生活来，还是幸福得多。我现在完全改变了对于忧愁和欢乐的看法；我的愿望已经大大的不同，我的性情已经完全发生变化，跟我初来的时候比较，甚至跟过去两年比较，我的爱好已经转到新的方向。

　　以前，当我到各处打猎或勘察地形的时候，一想到我的处境，我的灵魂就会突然痛苦起来，一想到我是被困在这些树林，山谷和沙漠中间，一想到我自己怎样像一个囚犯似的，被囚在重重海洋之间，被囚在没有人烟的荒野里，没有出头之日，我就会忧心如焚。即使是在我心境最安宁的时候，这种念头也会像暴风雨一样地向我袭来，使我扭扯我的双手，像一个小孩似的大哭起来。有时我明明正在工作，这种念头突然袭来，于是我立刻坐下来，长吁短叹着，两眼盯着地面，一两个小时都不眨眼。这对我尤其糟，因为假如我哭了出来，或用语言把它发泄出来，这种苦闷倒可以过去，同时我的悲愁在发泄完了之后，也可以减轻不少。

　　可是现在，我开始用新的思想来锻炼自己；我天天阅读上帝的语言，把它结合到我的当前处境上，引为安慰。有一天早晨，我心里很愁闷，翻开《圣经》，看到了这段话："我将永远不离开你，不弃绝你。"我马上觉得这段话是对我而发的，否则的话，为什么恰好在我悲伤自己的处境，觉得自己已经被人神共弃的时候让我看到呢？"好吧，"我说道，"只要上帝不弃绝我，哪怕整个世界都弃绝我，那又有什么害处，有什么大不了呢？从另一方面说，如果我获得了整个世界而失去了上帝的宠幸和保佑，还有什么比得上这种损失？"

从这时起，我心里开始有了一个结论，认为我处在这种被抛弃的孤苦伶仃的环境里，可能比我处在世界上任何别种环境里还要幸福。这样一想，我就不由得要感激上帝，感谢他把我带到这个地方来。

可是，不知怎的，一想到这里，我的心里忽然震动了一下，再也不敢把感谢的话说出来。我对自己大声说："你怎么可以做一个伪君子呢？你怎么可以假装对你的处境表示感谢呢？你不是一方面尽量对这种处境表示满足，另一方面却恨不得恳求上帝，把你从这里面拯救出来吗？"于是我不再开口了。事实上，我虽然不能说我感谢上帝把我送到这里来，却衷心感激他用种种命运的折磨使我睁开眼睛，看清了我过去的生活，悲痛我的罪恶，产生悔过之心。我每读一次《圣经》，心里总要祝福上帝，祝福他指点我在英国的朋友没有受到我的嘱托就把《圣经》放在我的货物中间，并且祝福他后来帮助我把它从破船中取了出来。

在这种心情中，我开始了我第三年的生活。我虽然没有把这一年的工作像第一年那样一件一件地报告给读者，但一般说来，我这一年并没有偷懒。我根据各项日常工作把我的时间有规则地加以分配。譬如，第一，定出一定的时间，一天三次，恭拜上帝；第二，带着枪出门觅食，这件事，每天早晨一般要花三小时，如果不下雨的话；第三，把我打死或捕获的东西加以处理，晒干、收藏或是烹煮，作我的食料；这些事差不多要占去我每天大部分的时间。此外还有一件应当加以估计的事，就是每到正午，当太阳正在天顶的时候，天气总是非常热，使人无法出门。因此我每天真正能够用来工作的时间，只有晚上四小时，不过有时我把打猎的时间和工作的时间互相调换一下，在早晨工作，下午带着枪出外。

除了时间的短促外，还得加上我的工作的艰苦性，加上我在作每一样工作的时候，因缺乏工具，缺乏助手，缺乏经验而浪费的许多时间。譬如，我整整费了四十二天，才做出一块木板来装我洞中所需要的长架子；而实际上，如果叫两个锯工用他们的工具在锯坑里做，只要半天的工夫就可以从同一棵树锯出六块木板来。

我的办法是这样。我必须砍倒一棵很大的树，因为我所需要的木板是很宽的。我要费上三天的工夫把这棵树砍倒，再花两天的工夫把树枝削光，把它做成一根大木头或一块木料。然后还得付出无数劈砍的工夫，才能把它的两面一点点地削平，一直削得它轻得可以移动。然后把它平放在地面，把它的一面从头至尾削得又光又平，像一块板子一样。然后把这一面翻下去，削那一面，一直把它削成三英寸多厚，两面光滑为止。任何人都可以判断得出，做这样一种工作，我的两手要付出多少劳力；但劳力和耐心终于使我完成了这件工作以及许多其他的工作。我把这件事特别提出来，就是要说明我为什么在这样少的工作中花费了这么多的时间；也就是要说明，一件工作，如果有助手和工具，本来是一件轻而易举的事情，若是单靠一个人空手去做，便要花很大的劳力和很多的时间。

可是，尽管如此，靠了耐心和劳动，我还是把环境所需要的每件工作都完成了。对于这些，下面还要叙述。

　　现在已经是十一月和十二月之间，我正期待着我的大麦和稻子的收成。我施肥和耕种的面积不很大，因为我已经说过，我所有的种子每样不过只有半斗，我曾经由于在旱季播种，把一次收成完全糟蹋了。但这一回的收成，看来却大有希望。不料我忽然又发现了几种敌人，简直无法应付，使我的收成又有全部损失的危险。首先是那些山羊和那些野兔之类的野物，它们尝到禾苗的甜味，禾苗一长出来，就日夜伏在里面，把它吃得这样短，简直使它没有生出茎子来。

　　除了做一个篱笆把它围起来，我想不出别的办法。我付出了不少的艰辛，才把这篱笆造成。尤其艰辛的是，我必须把它很快地做起来。好在我所耕种的面积不大，刚刚够种我的庄稼，所以不到三星期我就把它完全圈起来了。白天的时候，我打死了几只野物，在夜间，我又用狗去看守它，把狗拴在大门外的一根木桩上，让它站在那里，吠到天亮。因此过了不久，这些敌人便舍开了这个地方，我的庄稼长得又结实又好，很快地成熟起来。

　　但是，正如野兽们在我的庄稼出苗时来害我一样，到了它们抽穗的时候，鸟类又来害我了。有一天，我到田里去，看庄稼长得怎么样了，只见我的一点庄稼被许多飞禽团团围住，也不知道有多少种类，仿佛在那里等着我走开似的。我立刻用枪向它们打去（因为我身边经常带着枪），枪声一响，马上又有一大群我起初没有瞅见的飞禽从庄稼中间腾空而起。

　　这使我非常痛心，因为我可以预见到，几天之内，它们就会把我的全部希望吃个精光，我只有挨饿，一点收成都落不着，真不知道将来怎么办才好。我决心不失去我的收成，必要的话，宁

鲁滨孙漂流记（节选）

愿整天整夜守着它。我首先走到我的庄稼中间，看看损失的情形。我发现它们已经把庄稼糟蹋了不少，但因为还在发青，所以损失还不大，假如能够把其余的部分救住，看来还能成为很好的收成。

我站在庄稼旁边，把我的枪装好，当我走开的时候，我很清楚地看见那些偷谷贼都停在树上，好像专等我走开似的。事实证明果然是这样。因为当我慢慢走开，假装已经离开的时候，它们一瞧见我走得不见了，就一个一个重新降落到庄稼里面。我气极了，也等不及它们多落下来几只，（因为我知道它们现在所吃的每一粒庄稼在几年以后对我都是一个斗大的面包）便走到篱笆前面，再开了一枪，打死其中三只。这正是我所要求的；于是我把它们拾了起来，用英国惩治恶名昭著的窃贼的办法，把它们用锁链吊起来，以儆效尤。真想不到，这个办法居然生了效。从此以后，那些飞禽非但不再到庄稼里来，简直连岛的这一边都不来了；在那些示众的鸟儿挂在那里的期间，我在附近连一只鸟都看不见。

不用说，这件事使我很满意。到了十二月底，也就是本年的第二个收获季，我收割了我的庄稼。

（选自《鲁滨孙漂流记》）

静静的顿河（节选）

[苏联] 肖洛霍夫 著 金 人 译

作者介绍

米哈依尔·肖洛霍夫，苏联文学家。

代表作有《静静的顿河》《新垦地》（旧译《被开垦的处女地》）等。

灰色黎明的天空上闪烁着稀疏的晨星。风从黑云片下吹来。顿河上，雾气奔腾，在白垩山峰的斜坡上盘旋，像条没有脑袋的灰色巨蛇，爬进了峡谷。左岸的河汊、沙滩、湖沼、苇塘和披着露水的树林——都笼罩在一片凉爽迷人的朝霞里。太阳还在地平线后面懒洋洋地不肯升上来。

麦列霍夫一家人，潘苔莱·普罗珂菲耶维奇第一个醒来。他一面走着，一面扣着绣有小十字架的衬衫领子，来到台阶上。长满了青草的院子到处闪着银色的朝露。他把牲口放到街上去。达丽亚只穿着一件衬衣跑去挤牛奶。她的两条白皙的光腿上溅满

了像新鲜乳汁似的露水珠,院子里的草地上留下了一串烟色的脚印。

潘苔莱·普罗珂菲耶维奇朝着那被达丽亚踩倒、又慢慢挺直起来的小草看了看,便走进内室去了。

开着窗户的窗台上落满了小花园里已经开败了的、毫无生气的粉红色樱桃花瓣。葛利高里一只手伸出床外,在趴着睡觉。

"葛利什卡,你去钓鱼吗?"

"你说什么?"葛利高里小声问道,把两条腿从床上耷拉下来。

"咱们钓鱼去,可以钓到太阳出来。"

葛利高里哼哧着,从挂衣钩上扯下一条便服裤子穿上,把裤腿塞进白色的毛袜筒里,扳正歪斜的鞋后跟,半天才穿上了皮靴子。

"妈妈做好鱼食了吗?"跟着父亲朝门洞里走的时候,他嘶哑地问道。

"做好啦。你先到船上去吧,我立刻就来。"

老头子把冒着热气的、喷香的黑麦装进坛子,仔细地把落到外面的麦粒捡到手巴掌里,然后跛着左脚,一瘸一拐地向坡下走去。葛利高里无精打采地坐在船里。

"往哪儿划?"

"到黑石崖去。到前两天咱们在上面坐过的那棵倒在水里的树旁试试看。"

小船的船尾滑下土岸,漂进水中,离开了河岸。激流卷起小船,摇晃着,极力要把它横过来。葛利高里并不划船,只用船桨拨正方向。

"你划呀。"

"等漂到河中流再划。"

小船横过中流,向左岸漂去。从村子里传来公鸡的叫声,在河上,这啼声变得低沉多了。船舷擦着陡立在水中的黑黢黢的石砾断崖,停在崖下的河湾里。离河岸五沙绳远的地方,可以看见那棵沉到水底去的榆树伸出的树枝。漩涡在榆树四周追逐着褐色的泡沫。

"捌开钓线,我来下食,"父亲悄悄对葛利高里说,一只手塞进了冒着热气的坛子口里。

黑麦粒声音清晰地溅落到水中,发出一阵咝的响声,就像有人发出的低沉的嘘声。葛利高里把几粒鼓胀的黑麦安到钩子上,露出了笑容。

"吃呀,吃,大鱼小鱼都来吃。"

抖成圈子落到水里去的钓鱼线像弦一样拉直了,然后又弯下去,差不多沉到水底去了。葛利高里用脚踩着钓竿的手柄,竭力不使身子摇动,爬过去拿烟荷包。

"爸爸,今天运气好不了……月亮还不圆呢。"

"你带着火柴吗?"

"带着哪。"

"给我点个火。"

老头子抽着烟,瞅了瞅浸在水中的大树那面迟迟没有升起的太阳。

"鲤鱼不一定什么时候出来。有时候月亮不圆也出来咬食。"

"你听,好像小鱼在咬食,"葛利高里松了口气说。

小船附近的水扑哧响了一声,泛起了波纹,一条有两俄尺长的、好像红铜铸的鲤鱼，弯起宽大的尾巴，在水面上拍了两下，叫着向空跃起。珍珠般的水花溅了一船。

"现在你等着瞧吧，"潘苔莱·普罗珂菲耶维奇用袖子擦了擦湿漉漉的大胡子。

浸在水里的榆树周围，在那些有胳膊粗的秃树枝中间，同时跳出两条鲤鱼；第三条小一些，在空中打着旋儿，一次又一次地、顽强地往崖石上撞。

葛利高里在焦急地嚼着湿透了的烟头。不很耀眼的太阳已经升到半棵橡树高了。潘苔莱·普罗珂菲耶维奇撒完了所有的鱼食，丧气地噘起嘴，呆呆地望着那一动不动的钓竿头。

葛利高里啐出烟头，恨恨地望着它迅速地飞去。他心里在咒骂父亲，老早就把他叫醒，不让他睡够。因为空肚子抽烟，嘴里有一股烧焦头发的恶臭。他正要弯下身子，用手去捧口水喝——这时候，离水面有半俄尺的钓竿头轻轻地抖了一下，慢慢向下弯去。

"咬钩啦！"老头子舒了口气说。

葛利高里抖擞精神，拉了一下钓竿，但是竿梢立即弯进水去，钓竿从手攥着的地方弯成了弓形。一股巨大的力量，像绞车似的把绷得紧紧的红柳木钓竿向下拉去。

"攥住！"老头子哼哼着，把船从岸边撑开。

葛利高里竭力想把钓竿举起，但是办不到。很粗的钓线咔的一声断了。葛利高里因为失去了平衡，身子摇晃了一下。

"简直像条公牛！"潘苔莱·普罗珂菲耶维奇悄悄地说道，怎么也不能把鱼饵安到鱼钩上。

葛利高里激动地笑着，拴上新钓线，又抛了出去。

钓线上的铅锤刚沉到河底——竿梢就弯了下去。

"你看，这坏蛋！……"葛利高里哼了一声，费了很大的劲儿才把那条向激流冲闯的鱼从水底拉出来。

钓线刺耳地响着，划破水面，沿着钓线，垂下一道浅绿色的水帘。潘苔莱·普罗珂菲耶维奇用短粗的手指头在捯动着捞网的木柄。

"先在水里把它蹓乏啦！顶住劲，不然钓线又要被它挣断啦！"

"放心吧！"

一条金红色的大鲤鱼浮到了水面上来；搅起了一片白沫，它把扁平的大脑袋往下一扎，又向深处游去。

"好大的劲儿，手都麻啦……好啊，你等着瞧吧！"

"顶住，葛利什卡！"

"顶着哪——啊——啊！"

"当心，别让它钻到船底下去！……当心！"

葛利高里喘着气，把斜着身子的鲤鱼拉到船边来。老头子拿着捞网正要弯下身子去捞，但是鲤鱼鼓起最后的劲儿，又扎进水底去了。

"把它的脑袋提起来！叫它喝点风，就会老实点儿啦。"

葛利高里拉起了鲤鱼脑袋，又把这条折腾得疲惫不堪的鲤鱼拖到船边来。鲤鱼大张着嘴吸气，鼻子顶到粗糙的船舷上，扇动着金光闪闪的橙黄色的鳍，不动弹了。

"折腾够啦！"潘苔莱·普罗珂菲耶维奇用捞网捞着鱼，呷呷地说道。

他们又待了半个钟头,钓鲤鱼的战斗才结束了。

"收起钓线来吧,葛利什卡。大概咱们把最后一条都钓上来啦,再不会有啦。"

(选自《静静的顿河》)

烟艇记

宋·陆 游

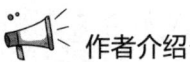
作者介绍

陆游，字务观，号放翁，南宋诗人。著有《剑南诗稿》《渭南文集》《南唐书》《老学庵笔记》等。

陆子寓居，得屋二楹，甚隘而深，若小舟然，名之曰烟艇。客曰：异哉！屋之非舟，犹舟之非屋也。以为似欤？舟固有高明奥丽，逾于宫室者矣。遂谓之屋，可不可耶？

陆子曰：不然！新丰，非楚也；虎贲，非中郎也。谁则不知？意所诚好而不得焉，粗得其似，则名之矣。因名以课实，子则过矣，而予何罪？予少而多病，自计不能效尺寸之用于斯世，盖尝慨然有江湖之思；而饥寒妻子之累，劫而留之，则寄其趣于烟波洲岛苍茫杳霭之间，未尝一日忘也。使加数年，男胜锄犁，女任纺绩，衣食粗足，然后得一叶之舟，伐荻钓鱼而卖芰芡，入松陵，上严濑，历石门、沃洲而还，泊于玉笥之下，醉则散发扣舷为吴歌,顾不乐哉!

虽然,万钟之禄,与一叶之舟,穷达异矣,而皆外物;吾知彼之不可求,而不能不眷眷于此也。其果可求欤?意者使吾胸中,浩然廓然,纳烟云日月之伟观,揽雷霆风雨之奇变,虽坐容膝之室,而常若顺流放棹,瞬息千里者,则安知此室果非烟艇也哉!

绍兴三十一年八月一日记。

(选自《放翁文选》)

书作论法后

宋·陈 亮

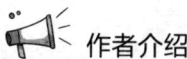作者介绍

陈亮,字同甫,世称龙川先生,南宋著名哲学家,文学家。著有《龙川文集》,词集《龙川词》等。

大凡论不必作好语言,意与理胜,则文字自然超众。故大手之文,不为诡异之体而自然宏富,不为险怪之辞而自然典丽,奇寓于纯粹之中,巧藏于和易之内。不善学文者,不求高于理与意,而务求于文彩辞句之间,则亦陋矣。故杜牧之云:"意全胜者,辞愈朴而文愈高;意不胜者,辞愈华而文愈鄙。"昔黄山谷云:"好作奇语,自是文章一病,但当以理为主。"理得而辞顺,文章自然出类拔萃。

(选自《龙川文集》)

精骑集序

宋·秦观

作者介绍

秦观,北宋文学家、词人。

代表作有《淮海集》《鹊桥仙》。

予少时读书,一见辄能诵。暗疏之,亦不甚失。然负此自放,喜从滑稽饮酒者游。旬朔之间,把卷无几日。故虽有强记之力,而常废于不勤。

比数年来,颇发愤自惩矣,悔前所为;而聪明衰耗,殆不如曩时十一二。每阅一事,必寻绎数终,掩卷茫然,辄复不醒。故虽然有勤苦之劳,而常废于善忘。

嗟夫!败吾业者,常此二物也。比读《齐史》,见孙搴答邢词云:"我精骑三千,足敌君羸卒数万。"心善其说,因取"经""传""子""史"事之可为文用者,得若干条,勒为若干卷,题曰《精骑集》云。

噫！少而不勤，无知之何矣。长而善忘，庶几以此补之。

（选自《秦观集》）

与侄书

宋·苏 轼

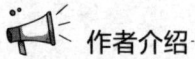 作者介绍

　　苏轼,字子瞻,又字和仲,号东坡居士,北宋文学家、书画家。

　　代表作有《赤壁赋》《石钟山记》《饮湖上初晴后雨》《念奴娇·赤壁怀古》等。

　　二郎侄:得书知安,并议论可喜,书字亦进,文字亦若无难处,止有一事与汝说。凡文字,少小时须令气象峥嵘,彩色绚烂,渐老渐熟,乃造平淡。其实不是平淡,绚烂之极也。汝只见爷伯而今平淡,一向只是此样。何不取旧时应举时文字看,高下抑扬,如龙蛇捉不住,当且学此。只书学亦然,善思吾言。

(选自《苏轼及其作品选》)